# 高情商回话

冯晓雪　编著

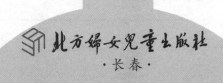

北方妇女儿童出版社
·长春·

图书在版编目（CIP）数据

高情商回话 / 冯晓雪编著. -- 长春：北方妇女儿童出版社, 2024. 5. -- ISBN 978-7-5585-8602-6

Ⅰ. B842.6-49; H019-49

中国国家版本馆CIP数据核字第20240S9T26号

# 高情商回话
## GAO QINGSHANG HUIHUA

| | |
|---|---|
| 出 版 人 | 师晓晖 |
| 特约编辑 | 刘慧滢 |
| 责任编辑 | 王天明 |
| 装帧设计 | 纸上书妆 |
| 开　　本 | 710mm × 1000mm　1/16 |
| 印　　张 | 12 |
| 字　　数 | 112千字 |
| 版　　次 | 2024年5月第1版 |
| 印　　次 | 2024年5月第1次印刷 |
| 印　　刷 | 三河市燕春印务有限公司 |
| 出　　版 | 北方妇女儿童出版社 |
| 发　　行 | 北方妇女儿童出版社 |
| 地　　址 | 长春市福祉大路5788号 |
| 电　　话 | 总编办：0431-81629600 |

| | |
|---|---|
| 定　　价 | 59.00元 |

# 前　言

如果在面试时，面试官询问了你一个不太好回答的问题，该怎么回答才会不落下风呢？

如果你的领导问了你一个问题，照常规的方式回答难免显得中规中矩，该如何在回答时展现自己呢？

如果你的同事冒犯了你，提了不该提的要求，照常规的方式拒绝会显得你很不近人情，该如何更巧妙地回复呢？

如果你的客户不经意间提出一些超越底线的问题，照常规的方式回答有可能会被对方带进沟里，该如何巧妙回复呢？

如果你的后辈无意中提出了让你不便开口的问题，照常规的方式回答会让对方觉得你在摆前辈的架子，该怎么化解呢？

如果你的亲戚、长辈提出了让你觉得尴尬的问题，照常规的方式回答只会让对方觉得你不懂事，又该怎么办呢？

答案只有一个：高情商回话。

现如今，很多人都开始注重情商的运用，以期望能够用情商应对职场上遇到的所有问题。在职场上，任何人的提问都需要谨慎作答。不论是面对领导还是下属，不论是面试官还是已经成为同事的他们，都需要做到谨言慎行。除此之外，高情商的回话能够让你在职场上收获别人的好评，方便你更有条理地处理问题。

　　本书分为十个篇章，按照不同场合、不同对象进行非常详细的区分，几乎事无巨细地教会你如何高情商回话，从而真正掌握高情商回话的精髓所在。

# 目　录

**第二章　公司会议，正式场合需谨言慎行**

**第三章　办公室内，有多少坑在等着傻傻的你**

## 第四章 应对领导，先掌握精髓再回答

## 第五章　面对下属，细节处展现管理能力

## 第六章　面对新人，切记满腔热情

## 第七章 甲方乙方，坚守自己的底线

## 第九章 应酬场所，一切尽在不言中

## 第十章　面对家族长辈，家长里短的沟通艺术

第一章

求职面试，
言之有物助你成功

## 作为新人，面试官询问你有何特长

作为一名新人去求职，面试官看过你的简历后，询问你有什么特长，且这个特长对这份工作有什么帮助。你该怎么巧妙地作答呢？

**一般的回话：**

我刚刚大学毕业，在学生会里做过公关，负责各部门联谊，以及邀请和接待成功校友等。我特别擅长和人打交道，和谁都能聊到一块儿。

**高情商回话：**

我在大学期间主要负责学生会的外联工作，专门邀请和接待成功校友，勉强算是人脉较广。我的特长是沟通能力强、应变能力强，虽然当时只是在大学期间去邀请已经毕业的成功校友，但在这个过程中，我的能力得到了锻炼和验证。我觉得这两种能力在今后的工作中尤为重要。

作为一名职场新人，很多人的特长都是在大学这座象牙塔里培养的技能，或者是某些才艺，但那些并不是面试官真正关心的。在面试的过程中，他们要知道的是面试者对自己能力的掌握和展示，向他们表现出自信、善于沟通的特点，能抓住对话重点才是关键。

# 面试官询问你从上一家公司离职的原因

你获得一个面试机会，面试官看完你的简历后，发现你上一个任职单位是非常知名的大企业，便问你为什么会从那里离职，你要怎么回答呢？

**一般的回话：**

尽管上一家单位很优秀，工资待遇也非常好，但它和我的个人规划有冲突，所以我需要换一份工作。

**高情商回话：**

上一家公司非常优秀，我在那里学到了很多职务分内的技能，提升了业务能力。但去年那家公司的重心有了变化，我的工作内容发生了很大的变化。但我坚信，干一行就要做到最精，不能半途丢弃专业转而去做自己不擅长的事情，所以才决定从那里离职。来贵公司面试，就是因为觉得贵公司的要求和我的业务技能十分匹配，能够发挥我最大的价值。

很多人会执着于网络上讲的那些"面试技巧"，在回答这个问题时，总是简单地用"个人规划""公司理念"的虚话来作答。实际上，面试官又怎么能听不出敷衍之意呢？在面试时，我们要知道，面试官最想知道的是你能否胜任这份工作、是否存在什么隐患。高情商的回答就是要抓住对方的心理活动，给出他们最想要的答案，而不是那些虚头巴脑的公式回答。

## 面试官询问你的优点是什么

这是一道几乎所有面试官都会询问的问题，让求职者介绍自己的优点。你又应该如何高情商地回答呢？

**一般的回话：**

我是一个比较勤奋的人，平时做事喜欢脚踏实地，能够比较好地完成领导布置的工作内容。

**高情商回话：**

我之前无论是求学，还是工作，同学、同事和领导对我的评价大多是勤奋、踏实。我做的工作大多和数字有关，我会谨慎地核对很多次，这已经成为我的工作习惯，自认为是比较认真的。除此之外，我对数字和时间都很敏感，所以有较强的计划能力和时间规划能力。

当面试官询问你具备什么优点时，并不是想简单地听你罗列出很多名词，而是要听到你言之有物地解释如何表现出自己的优点，最好能用具体事例来阐述。如果你是职场老人，通过别人的评价来表达自己的优点则更有说服力。

# 面试官询问你的缺点是什么

在面试的过程中，很多面试官还会询问求职者这个问题。很多求职者的回答并不高明，甚至还会暴露自己的短板。那该怎么高情商回答才比较好呢？

### 一般的回话：

我这个人平时大大咧咧的，说话比较直，有时候会得罪人，所以在办公室里，和我脾气相投的人处得特别好，也有一些人看不惯我。

### 高情商回话：

每个人都有自己的缺点，我有时候会因为急于推进项目进度而忽略沟通方式，也曾因此而得罪了一起共事的同事。不过，在我上一任领导指正之后，我已经注意到了自己的这个缺点，也在积极地改正。

很多人很害怕面试官问自己这个问题，或者"聪明"地采用话术，说是缺点，实际上是自卖自夸。面试官询问这个问题，最看重的是求职者是否有自省能力。具体提到自己某方面的不足，并积极表现自己已经在改正，更能赢得面试官的青睐。

## 面试官问你是否了解公司文化

在面试时，很多面试官都会询问求职者是否了解本公司的企业文化。他究竟是在观察求职者哪些方面呢，你又应该如何应对呢？

**一般的回话：**
我在接到贵公司面试通知的时候就查询了一下，知道贵公司的企业文化是（背诵百度百科上的简介）……

**高情商回话：**
贵公司在整个行业里是一个极其注重创新的新兴公司，企业文化主要就是以"创新"为主，并且鼓励良性竞争，秉持自由开放的理念，特别适合像我这样的年轻人。

对于任何一个求职者而言，面试公司的企业文化并不难查询。为什么面试官还要问这个问题呢？实际上，面试官最想要知道的是你对企业文化是否认可、是否能理解。简单地照本宣科并不能给自己加分，如果能吃透企业文化的核心，且与自身能力相结合，才是最优解。

# 面试官询问你的职业规划

面试官总是会问求职者对自己是否有长远的规划，答案毋庸置疑，肯定要回答"有"。但怎么说才能更出彩呢？

**一般的回话：**

我对自己的前景有着非常详细的职业规划，希望用三年的时间完成初步的人脉积累，用五年的时间晋升到管理岗位。

**高情商回话：**

我给自己制定了长远目标和短期目标。我的求职方向是产品运营类，长期目标是希望成为金牌产品运营的负责人，带领团队打造出成功的产品项目；短期目标是熟练掌握一个产品运营专员的基础技能。为此我自学了很多应用软件，并且每天关注新的市场动态，做成了笔记。尽管我现在还在求职阶段，但我仍然保持这个习惯，就是为了能尽快进入工作状态。

职业规划不是说大话，更不是说漂亮话，而是要言之有物地讲出自己的长远目标和短期目标，并且必须是有希望实现的。除此之外，还需要说出自己目前所做的准备。这样才能让面试官相信你的确有能力做到。

# 面试官问你怎么看待这个行业的未来发展

对于很多新兴行业的公司，面试官特别喜欢问求职者对整个行业的前景有什么看法。关于这个问题，不能信口开河，要言之有物。

### 一般的回话：

我们这个行业是个新兴行业，意味着我们还有很多机会，是机会也是挑战，能抓住就能让行业得到大的发展，所以我会致力于努力创新，迎接挑战。

### 高情商回话：

任何一个新兴行业能够形成规模，肯定是因为它符合时代发展，也一定会有更好的前景。自从我选择了这个行业后，我每天都会关注相关的政策、产业新闻和同类公司的新产品，找出各公司产品的共同点和不同点，再加以自己的分析，希望能够借此来丰富自己的见识。

当面试官问求职者对整个行业未来的看法时，并不是要听那些像誓言一样的话术，而是要看求职者是否有良好的行业习惯和未来视角。说漂亮话并不代表求职者真的看明白了行业走向，必须落在细节之处，才能让面试官相信。

## 面试官问你对这份工作有什么期待

面试官经常会问求职者，这份工作能够带给他什么。这是一道送分题，但很多求职者不了解面试官想要了解的内容，所以只能胡乱回答。那么该如何高情商地回复呢？

### 一般的回话：

任何一份工作的本质都是为了赚钱，除此之外，我也愿意通过自己的努力取得一定的成就，成为对社会有用的人。

### 高情商回话：

我从大学选专业的时候就立志要在这个行业里做出点成绩，贵公司能够给我提供非常好的平台，让我实现人生价值，我也能通过自己的努力给公司带来利润。当然，除了理想，还有现实的回馈，就是合理的薪资。

一份工作能够给求职者带来什么，谈及薪水是很正常的事情，但不能只提到薪水，还要谈及求职者和面试公司之间的关联，且要把这种关联放在前面，而不是夸夸其谈。像案例中最后以开玩笑的口吻提到薪水才是更好的方式。

## 如果面试官认为你的学历比较低，或是毕业院校不太好

双一流高校毕业生毕竟是少数，对于绝大多数求职者而言，很可能会被面试官质疑毕业院校相对差一些，或者是学历低一些。那么该如何高情商地挽回劣势呢？

**一般的回话：**

虽然我的学历不高，毕业院校也不太出众，但我相信学习成绩并不等于工作能力，我有信心能够胜任贵公司的工作。

**高情商回话：**

我知道我的学历不算特别突出，毕业院校也不太好，所以在大学时期我就特别注重社会实践。为了弥补我学历上的不足，我先后在××公司、××公司实习，参与了多个项目，这些在我的简历中都有相关介绍。而且，我的执行力和学习力也得到了提升。

学历不足、毕业院校不好，并不是一句学历不等于能力就能弥补的。要通过非常具体的作为向面试官展示自己有能力，并且详细说明能力体现在哪里。这种有条理的阐述和弥补不足的决心才能博得面试官的青睐。

## 面试官质疑你的能力

当求职者滔滔不绝地介绍自己时，面试官突然打断，质疑道："你确定你的能力能够胜任这份工作吗？"很多求职者都会被破坏思路和说话节奏，那该怎么应对这种质疑才好呢？

### 一般的回话：

我刚才说的经历足以证明我有能力胜任这份工作，如果您觉得哪里不行，我可以再详细地给您说明一下……

### 高情商回话：

贵公司的职位招聘信息我仔细看过了，也详细了解了贵公司的经营范围，我确信自己的能力足以胜任这份工作。或许刚才我在介绍过往经历时说得还不够详细，其实我参与的很多项目和贵公司都是很类似的，比如……

面试官突然发问并不是真的质疑，只是想看看你的应变能力，如果他真的不认可你的能力，根本就不会让你来参加面试，所以不要乱了阵脚。在自证的过程中，同样要和面试公司进行关联，如相似的项目、工作内容，或过往成功案例等，让面试官看到你能不慌不忙地应对即可。

# 面试官询问你是否可以接受加班

几乎所有的公司在面试时都会问到求职者是否能够接受加班，求职者为了得到这份工作，大多会选择同意。但如何能高情商地表达出自己对加班的看法呢？

**一般的回话：**

我接受有价值的加班，但不接受无效加班。我相信贵公司也不会这么做的。

**高情商回话：**

任何一家公司都有业务繁忙和闲暇的时间段，我相信贵公司的领导会根据工作进度进行协调。如果遇到十分必要的加班，我当然愿意做有价值的事情，也相信贵公司会根据每位员工的付出和成绩给予合理的物质奖励和晋升机会。

简单地说接受还是不接受，并不算是回答，重要的是要表明自己的态度和原则。求职者的高情商回答可以让面试官感受到，这是一名成熟的、有原则的职场人，而不是为了获得工作机会自愿妥协的职场小白。

# 面试官询问你是否能够经常出差

有很多岗位会有出差的需求，所以在面试时，面试官会询问求职者是否能够接受经常出差。和上一个问题一样，所有求职者几乎都会选择同意，那么该如何高情商地表达呢？

**一般的回话：**

我可以接受出差，也能接受外派，只要是工作需要，我没有任何问题。

**高情商回话：**

在我从事这个行业的时候，就已经做好了经常出差的准备了，也适应了经常出差的工作模式。不仅如此，我还能够保持手头的工作和生活的平衡，既安排好手头的工作，也能获得家人的理解。

有很多岗位需要出差，这是由工作性质决定的。面试官询问求职者是否能接受出差，看的并不是求职者能不能接受，而是看他能不能合理安排。如果只是简单地表明自己可以接受，却没有突出自己有能力合理安排，并不是最佳答案。

## 面试官问你因为工作失误而造成损失要怎么解决

在面试时，很多面试官都会做出一个假设，询问求职者应该怎么做，这个问题就是比较典型的一个。作为一名成熟的求职者，该如何高情商地回答呢？

**一般的回话：**

我会尽力弥补，如果损失过大，我愿意引咎辞职。

**高情商回话：**

首先，我在工作过程中会极力避免失误，规避失误的风险。如果真的是因为我的失误而导致公司受了损失，我会在发现损失的时候立刻止损，并寻求解决方法，或是补救方法。如果最终结果不能挽回，我愿意按照公司规定承担相应的赔偿。

面试官作出这个假设，最重要的是看求职者是否有承担责任的勇气、是否有应对问题的能力。求职者愿意承担责任并不够，还要有及时补救的能力，这才是最佳答案。

# 面试官问你如果和领导的意见相左该怎么取舍

第二个最典型的假设场景是：如果你和领导的意见相左时，你该怎么办？这是一道"陷阱"题，怎么回答似乎都容易中招，那么该如何高情商地回复呢？

**一般的回话：**

领导肯定有他的道理，可能是我的水平不够，考虑欠佳，如果领导坚持那么做，我就听从领导的指示去做。

**高情商回话：**

我觉得这需要具体问题具体分析。如果我作为项目执行者，领导可能并不完全掌握项目情况，我会再跟领导汇报一下，和领导充分沟通自己的顾虑和想法。当然，如果领导听完汇报后还是认为应该那么做，我会服从领导的指示。

面试官之所以会抛出这个问题，要考察的是求职者的服从性，但又不仅于此。如果只是从服从性角度回答，会给面试官留下"没主见"的印象，一定要先强调自己的主观能动性，表明会先坚持一下，如果领导还是有自己的考量，再去服从。这样一来，就会让面试官明白，自己是一个成熟的职场人，懂得职场里的规则。

## 作为一名男性，面试官认为你没有女性细心

在职场上，很多时候都是男性应聘者比女性更具备优势，但也有一些岗位，却是女性比男性更具备优势。如果男性求职者遇到面试官问"男人没有女人细心，你怎么看"这样的问题，又该如何应对呢？

不管面试官在提问时提出了多么尖锐的问题，都不要直接反驳他，否则，只会让面试官觉得求职者很冒失，而且根本就没有抓住这个问题的重点。要多和自己的工作本身联系，通过良好的行为习惯打消面试官的顾虑。

**一般的回话：**

我觉得这句话本身就是错误的，没有数据表明，女性比男性更细心。而且我有信心做好这些工作，不会因为粗心而造成失误。

**高情商回话：**

的确，在大众看来，女性会比男性更细心一些，但在工作时，任何人都免不了会出现一些小错误。我认为，避免这些错误不是靠性别，而是要靠好的工作习惯。我的工作总是和数字打交道，每次我都会核对几遍，就是为了避免出现错误。

# 作为一名女性，面试官问你婚恋状况

作为女性，经常会被面试官问询自己的婚恋状态，抑或是生育情况，很多女性朋友都会担心这是一道"陷阱"题，认为说得不好就会失去工作机会。那么该怎么回答比较好呢？

### 一般的回话：

我觉得这是我的个人隐私，不方便回答。而且我认为，结婚与否、生育与否都不会影响我的工作。

### 高情商回话：

作为一名求职者，我很能理解贵公司在这方面的担心，也深知一名女性在婚姻和生育方面需要投入很多精力。但我想，作为一名成熟的职场人，必须具备平衡精力和把控人生进度的能力。我目前是单身，短时间内不会出现这方面的变动，可以百分百投入新的工作，待时机成熟之后，我有了这方面的想法后也会根据实际情况来考虑的。

模棱两可的回复并不能打消面试官的顾虑，在坦诚地告知自己的婚恋情况之后，更应该阐述自己对婚姻和生育的态度，让面试官知道你不是一个冲动的人，对于婚恋等人生大事会有自己的考量和计划。

## 作为一名女性，面试官问你如何平衡家庭和工作的关系

对于已婚已育的女性而言，如何平衡家庭和工作的关系是很多人都面临的问题，更是面试官会询问的。那我们应该如何高情商地回复呢？

**一般的回话：**

我的孩子目前由老人带着，平时都是他们负责接送。我的重心还是放在发展事业上，所以并不存在需要平衡的情况。

**高情商回话：**

在我们这个年纪，只有两个重心，一是生活，二是事业。在平时，工作和生活是比较平衡的状态，如果工作遇到需要加班处理的情况，我会放弃一些休息时间来配合工作；如果生活中出现变故，我也不能逃避应该承担的责任。

很多求职者都会陷入一个误区，认为要表现出自己能够为了事业而舍弃家庭，似乎只有成为"工作狂"，才能得到工作机会。实际上，面试官更想听到的是如何平衡，而不是放弃生活。毕竟一个对家庭都不负责任的人，又怎么能让人相信他能对工作负责呢？

# 面试官询问你是否还有其他面试机会

当你和面试官谈到尾声时，面试官突然问你是否还有其他的面试机会。不要着急回答，这也是一个"陷阱"题。那么该如何应对才好呢？

**一般的回话：**

是的，还有几家公司也都和我约定了面试时间，我打算过去看一下情况，再做考虑。毕竟找工作也是双向选择。

**高情商回话：**

是的。这场面试我觉得谈得很好，贵公司的发展前景和提供的岗位与我本人的期望很相符。但我也算是一个比较成熟的职场人，这些年也做出了一些成绩，所以有其他几家公司向我抛来了橄榄枝，我也不能随便拒绝，总是要过去谈一下的。

适当地抬高自己的身段，让对方感受到，作为一名成熟的职场人，有多家公司面试是很正常的事情，甚至是人情局。但同时也要肯定这家公司开出来的条件。态度不能过于强硬，可以用像和朋友抱怨的口吻，让对方感受自己不得不去其他家公司面试的无奈。

## 面试结束前，面试官询问你是否还有问题

在面试结束前，面试官一般都会询问求职者是否还有什么问题，如果各个方面都已经了解了，这个问题其实就是结束语。那么我们该如何回复才能给这次面试画上完美的句号呢？

**一般的回话：**

没有问题了，贵公司的情况我都了解得差不多了。

**高情商回话：**

刚才咱们的谈话非常愉快，我对贵公司的招聘内容有了更直观的认识，相信您对我的情况也基本了解清楚了，期待您给我带来好消息。

有些求职者会在这个时候询问一些自己关心的问题，但很多问题其实在面试的过程中就应该了解得差不多了。回答这个象征结束语的问题时，最主要的是对整场面试表达满意的态度，对新工作表达渴望的心情，继而给面试官留下好印象。

# 第二章

## 公司会议，正式场合需谨言慎行

## 大领导直接越过直属领导，询问你项目问题

在每周例会上，项目组负责人会定时汇报项目进度，突然，大领导越过项目的负责人（你的直属领导），询问你与项目相关的问题，你该怎么回话比较好呢？

**一般的回话：**

哦，那我来向您汇报一下吧。这个项目目前处在 ×× 阶段，进度还算是正常，就是 ×× 环节有点小问题，不过我们可以解决。

**高情商回话：**

领导，是不是先让王哥汇报一下项目的整体进度？我们这边一直都是王哥做整体把控，我负责其中某个部分。我负责的部分目前进度比较正常，×× 环节遇到了一点小问题，王哥正在努力协调。

例会看似是每周一次的小会议，但每个环节其实都是固定的，先由项目负责人汇报进度，再具体到项目执行者汇报问题。大领导可以越过项目负责人，但被点名的人不能忽略项目负责人，要在汇报问题的同时，表明项目负责人也在跟进，这样才能既说明问题，又不会得罪领导。

# 领导因为工作内容而直接批评你

在例会上，你汇报完了上周的工作进度，但领导却因为项目出了问题而当众批评了你，认为你没有用心。这种情况你该如何回话才能化解呢？

**一般的回话：**

这个项目出了点问题，但不是我不用心，是由一些客观因素导致的。因为经济下行趋势明显，很多人消费降级，下沉市场推展不下去……

**高情商回话：**

项目出现问题，我有不可推卸的责任，但更重要的是客观因素导致这些问题提前暴露出来。因为经济下行趋势明显，很多人都不愿意消费，我觉得我们应该在原有计划的基础上再增加一些其他策略，拓展渠道，看能不能促进项目推进。

当领导指出你的工作存在问题时，你先不要推卸责任，不管是不是你的问题，只要推卸责任，就会给领导留下"甩锅"的坏印象。先说明自己有责任，再提出解决问题的方法，以此证明自己不是故意出问题，也努力思考过如何解决问题，给领导留下"积极处理问题"的好印象。

## 领导因为一些琐事而批评你

在例会上，众人的工作进度都汇报完毕之后，领导突然批评你，说你最近显得毛毛躁躁，经常迟到，是怎么回事。针对这种考勤等琐事的批评，你又该如何应对呢？

**一般的回话：**

对不起，领导，最近我的状态的确不好，晚上经常失眠，早上闹钟响了听不见，也是这个原因，白天工作的时候很难进入工作状态，我会努力调整的。

**高情商回话：**

领导，前段时间的工作太饱和了，常常熬夜加班，这段时间生物钟有点儿调整不过来，晚上睡不着，白天醒不了。您再给我几天时间，我尽快调整回正常的作息状态。

当领导针对琐事，尤其是公司制度（如考勤）等问题批评你时，尽量让自己态度端正，不要随便抱怨领导针对自己，而是要把问题的源头引到工作本身，请领导体谅自己，并且强调会尽快调整状态。这样一来，领导自然也就不好再揪着这个问题不放了。

# 你在处理公事时被领导点名

开会时，你的手机不断有客户发来消息，为了不耽误工作，你及时回复了。然而，领导看到你一直在用手机，便问你在干什么呢。你该如何回答呢？

**一般的回话：**

我这边有客户着急找我，询问咱们的产品，他比较着急，我先回复他一下。

**高情商回话：**

领导，我这边有个客户，他对咱们的产品特别感兴趣，但他的情况有点儿特殊，平时在线时间不固定，现在正好上线了，我就赶紧回复他。他提了一些产品性能的问题，我就把咱们的产品简介等内容都发过去了。耽误时间比较长，但如果能签下这位客户，也是值得的。

从领导注意到你玩手机到询问你，并不是一个瞬间的事情。很多人回话的时候只是突出了回复客户、处理工作的重要性，却没有强调时长，这会让领导觉得你是在找借口。所以你在回话时一定要强调为什么用这么长的时间，让领导也认可，花费这么长时间是值得的。

## 你在处理私事时被领导点名

开会时，你的手机不断地响，是妻子给你发来的消息，你认为只是例会，便给妻子回了消息。然而，领导看到你一直在用手机，便问你在干什么呢。那你又该如何回答呢？

### 一般的回话：

对不起，领导，我家里突然出了点事情，妻子正在给我发消息，我很快就能处理好。

### 高情商回话：

对不起，领导，孩子突然发高烧，老师给我发消息让我去学校接孩子，我看咱们这里走不开，就跟妻子商量让她去接，再带孩子去医院。我等忙完了再看情况能不能请假赶过去。我会尽量协调好的，请领导见谅。

在例会上被领导发现处理私事，一定是急迫的、不能拒绝的事情，比如孩子生病、父母生病等，而且表明自己的态度，在公司忙完了会请假过去承担家人的责任，并尽力协调。这种情况下，领导也不好再借题发挥，也挑不出态度上的问题。

# 别的同事汇报项目后，领导询问你的意见

开会时，别的同事汇报完项目进度和问题之后，领导突然点名询问同一项目组的你，问你想到解决问题的方法了吗。这个时候，你该怎么回答呢？

**一般的回话：**

领导，我觉得是……原因导致了现在的问题，我们应该采取更积极的态度，不要纠结于这点问题……

**高情商回话：**

领导，这个问题发生的时候，我们整个项目组的同事就碰了一下，出现问题主要是因为……这是客观因素。接下来，我们小组的成员会合力先解决问题，等问题解决了，项目自然就可以推进了，我们的项目负责人也是这么想的。

领导询问员工的意见，是要听到切实有效的解决方法，不是想要听员工唱高调、表态度。在回话时，可以适当地强调其他员工的共同参与，让领导认可整个项目组的积极能动性，而不是遇到问题就毫无作为。这样一来，不仅领导能够满意，而且项目组的其他同事也能满意。

## 项目成功后，领导让你和大家分享经验

项目好不容易获得了成功，签下了客户。领导点名让你分享成功经验，询问你有什么窍门，你该如何回答呢？

**一般的回话：**

这个项目的成功离不开领导和同事的支持。我们先吃透了客户需求，精心准备了文案。可能就是这份用心打动了客户，最终完成了这个项目。

**高情商回话：**

这个项目本身是负责人王哥去洽谈的，他精准地掌握了客户的需求，然后交代我、同事 A 和 B 分工合作，我负责撰写投标文案，A 负责做市场调研，B 负责做美工。我们三个人的合作高效而顺畅，王哥除了提出修改意见、整体把控之外，还充分协调和其他项目组的工作。所以我们才能拿下这个项目，完成了任务。

在分享成功经验的时候，可以更细化一些，如每个人具体做了什么，尤其是他们更加突出的地方。这样一来，不仅是成功经验的分享，还能在大领导面前展示组员的强项，为大家今后的工作铺路。

# 协同部门为失败案例推卸责任

公司经常会对季度或年度的案例进行总结，在这种会议上，失败案例往往成为重中之重。老板问这个案例为什么会失败，你作为项目负责人还没有说话，协助的 B 组负责人却抢先甩锅。你该如何应对呢？

**一般的回话：**

作为这个项目的负责人，我自然对项目失败要负绝大部分的责任，但这不代表别的人都没错，或者说不需要为这个项目的失败而负责。这不是我甩锅，而是事实。

**高情商回话：**

一个项目失败了，肯定是我们有做得不到位的地方。现在应该做的是找到我们失误的地方，在接下来的业务开展上不要再犯类似的错误，而不是分出谁做错了，是谁的责任。虽然我们在公司内部分 A 组、B 组，但对外而言，我们代表的就是公司。

当对方推卸责任时，不要陷入纠结的自证环节，越想证明对方有责任，只会给领导留下"事没做好，态度也不好"的坏印象。在这个时候，不妨强调对外是一个整体这个事实，让领导知道你是有大局观的人。

## 协同部门为成功案例邀功

一个重点项目成功后，领导想让你来介绍一下经验，却被协同部门的领导率先邀功，认为他们为这个项目付出了很多。你该如何应对呢？

### 一般的回话：

这个项目的成功是所有人的功劳，其中付出最多的肯定是我们组。尽管 B 组作为协同部门，不能否认他们的贡献，但也得实事求是。

### 高情商回话：

B 组是这次项目的协同部门，为了配合项目做了不少工作，特别感激你们的付出，领导也都看在眼里了。不过，现在是分享成功经验，整个项目的操作是我们组主抓，肯定还是让我们说更全面。再说了，我们小组难得拥有这么一次露脸的机会，B 组的同人们，让我也在领导面前露露脸吧，好不好？

对待其他组的邀功，态度不用过于强硬，那样只会造成两个组之间产生隔阂。将这个问题甩给领导，并且告诉对方，谁付出得多，谁的功劳大，领导都看在眼里，之后再用开玩笑的口吻请对方让让自己，摆出一个低姿态，对方自然不好再多说什么了。

## 其他同事在领导面前调侃你

在会议空闲期间，众人都会闲聊。如果有同事当着领导的面调侃你，如经验不足闹了什么笑话等，他隔三岔五就会拿出来说。遇到这种情况，你该如何化解呢？

**一般的回话：**

那都是过去的事情了，现在我已经成长了，不会再像过去那样闹笑话了……

**高情商回话：**

您记得真清楚啊，常常挂在嘴边。现在想想，刚进公司的我还真是稚嫩。幸好领导当时没有嫌弃我，还不断地指导我、提携我。当然，我也足够努力，终于成为独当一面的成熟员工，不会再闹笑话了，也没有辜负领导……

如果对方调侃的是你过去在工作中闹过的笑话，大可不必过分纠结，毕竟每个人刚进入职场的时候都是"小白"。回复的时候强调自己的成长，并且将这份功劳记在领导身上。利用这份不怀好意的调侃，说出感激领导的话，让领导心里有数。

## 开会间隙，领导突然对你的家事表达关心

在准备开会或开会间隙，众人都会有些闲聊的时间。前段时间，你请了几天假说要照顾生病的父母或妻儿，领导突然询问你的家人身体如何，你该如何回话呢？

**一般的回话：**
他的身体好多了，谢谢您的关心。

**高情商回话：**
他的情况稳定了很多，现在已经没有大碍了，感谢您的关心。现在这个季节正是呼吸道疾病高发期，大家也让自己的家人多注意，健康饮食，出门戴口罩，身体健康才是最重要的。

领导的询问并不是无缘无故的，尤其是在会议上，主要是为了表现出贴心、关怀下属。既然如此，也可以利用这个机会表达自己对大家的关心，善意提醒他们注意身体健康。领导问一句自己回答一句，尽管不会出错，但总是少了点借题发挥的智慧。

# 领导让你去拿文件资料

在会议中间，领导让你去拿他落在办公桌上的文件资料，告诉你具体位置，问你记住了吗。你该怎么回答呢？

**一般的回话：**

记住了，我快去快回。

**高情商回话：**

您说的是用蓝色塑料文件袋装着的一叠资料，就在办公桌右侧的一沓文件的最上面。我记住了，大概五分钟回来。

一定要重复一遍领导吩咐的文件外形特点和所在位置，以防区分不出具体是哪一个。然后再强调一下来回的用时，避免领导和其他同事说一些比较隐秘的事情而不知道时间。等自己回来的时候，也要注意一定要敲敲会议室的门，避免听到什么不该听的话。这些都是职场中的隐藏规则。

# 领导让你对刚才做出的部署提意见

在会议上，领导往往会对接下来的工作作出部署，在结束后突然问你有何意见，作为项目负责人的你该如何回话呢？

### 一般的回话：

领导说得对，我对您的部署没有任何意见，会认真执行的。

### 高情商回话：

刚才在会议上，我汇报了项目的整体情况，您的部署就是根据整体情况制定的，应该不会再出现什么纰漏。我会尽力执行的，如果遇到具体问题，我再想办法解决，或者再来向您请教。

会议上已经公布的部署，自然是要做到能理解就理解，不能理解就执行。但话不能说得太满，要给项目再出问题留下余地。适当地向领导示弱，让领导觉得备受尊重，不仅不会削弱领导对你能力的肯定，反而会认为你很懂分寸、很谦虚。这就是职场的处事智慧。

# 领导让你给提到的公司远期目标提意见

每个公司都会制定短期目标和长期目标，如果在会议上领导突然问你，对公司制定的长期目标怎么看。面对这种问题，你该如何作答呢？

**一般的回话：**

我觉得这个长远目标需要每个人的努力，从点滴做起，早晚都会实现的。

**高情商回话：**

刚开始听到公司的长期目标，还真是让我吓了一跳，觉得能完成吗？但是看到领导把这个宏大的长期目标分成了若干个短期目标后，又突然安心了，一步一个脚印，按照这些短期目标去做，假以时日，一定能实现长期目标。当然了，为了实现它，就需要所有人的共同努力了。若真能成功，相信公司也不会亏待我们的。

很多人会认为，公司的长期目标就是在"画大饼"，所以会有很强烈的抵触情绪，表现得不够积极。但面对领导的询问时，一定要强调积极作用，但为了避免有"画大饼"的嫌疑，也要强调一下将短期目标作为基础，才能谈及长期目标。这样，领导和其他同事都不会有微词。

## 其他同事当着领导的面提出让你配合他的工作

同事之间的合作是很常见的，如果同事特意在领导面前提出让你配合他的工作，在此之前你从未拒绝过。这种情况，你该如何应对呢？

### 一般的回话：

没问题啊，你有需要就提出来，走具体的协作流程。我一定全力以赴，绝不拖你的后腿。

### 高情商回话：

没问题，正好当着领导的面，让领导知道我在完成自身工作的同时，还要配合你的工作。对了，领导，我也向您汇报一下，他今天特意当着您的面说起这个事，看来是比较着急的，那我手头不太重要的工作可不可以先往后拖一拖，我得全力以赴配合他的工作。至于相关的协作流程，我后期也得补上，算成我的工作量。

一般来说，协调工作需要走流程，但同事不走程序，却在领导面前给你下套，你完全可以采取以退为进的策略，先答应下来协作工作，然后向领导表明这么做并不符合流程。至于其他问题，后续进行补救，并且把自己手头的工作量也充分表明，不给自己留下隐患。

第
二
章

办公室内，
有多少坑在等着傻傻的你

## 同事询问你的薪资有多少

很多公司里都禁止员工互相打听薪资问题，虽然有很多途径能知道，但如果有同事询问你，你该怎么巧妙化解呢？

**一般的回话：**

聪明点的：大家都一样，都是拿这么多钱……

或者：老老实实地告诉对方底薪是多少，提成不定。

**高情商回话：**

项目完成的时候，拿得多点，有提成，平时的时候大家都差不多，要是迟到多了，那就惨了，哈哈哈，你也知道我是起床困难户。说白了，发不了大财，就是业内打工人的水平。比上不足，比下有余，知足了。

同事询问薪水是在职场里特别常见的问题之一，如何既不落人口实，又不让同事说出"你怎么这样"的微词，最简单的方法就是模糊化处理。有提成，项目成功的时候自然拿得多，平时就和业内标准差不多。然后再用开玩笑的口吻说出自己不过是个容易满足的"打工人"来结束话题。

# 总有同事喜欢问别人是否完成工作

有的同事喜欢比较，正向的比较是竞争，负面的比较叫攀比，还得谨防别人看你完成工作后让你帮他做点什么。不管是哪一种都很容易形成同事间的"摩擦"，如何高情商地避免出现这种情况呢？

**一般的回话：**

我还没做完呢，估计晚上得加班啊……

或者：我已经做完了啊，刚交给领导。

**高情商回话：**

工作哪有干完的时候啊，做完了 A 还有 B，做完了 B 还有 C，咱们打工人不就是停不下来的陀螺吗？什么时候熬到退休了，才能真正说工作都做完了啊……不跟您说了，领导找我呢……

对待这种完全没有必要当回事的问题，可以采用完全不当回事的回复。就像是同事之间的插科打诨，用模糊的、玩笑似的话语作为回复，最后以要工作了、领导找我了等理由作为结束。既让同事无法从工作本身下手，也无法从态度上下手。

## 警惕！办公室里有人问你对某同事的看法

有人的地方就有江湖，世上没有不透风的墙。所有职场人都知道，在办公室里不要随便评论别人，但如果就是有人或有意或无意地问你对于某位同事的看法时，你又该怎么回答呢？

**一般的回话：**

我觉得他人挺好的啊，工作起来还可以吧，挺顺利的，别的我也不清楚啊！

或者：还行吧，平时与他没什么太深的接触。

**高情商回话：**

×哥（×姐），您这是套我话啊，我是那种背后嚼别人舌头的人吗？您还不了解我啊，我这个人，有事当面说，过后不思量。可不能破坏我的职场原则，这可关乎我的口碑。再说了，别人问我关于您的事情，我可都是不评论……

这是一个再明显不过的"圈套"，面对这种问题，最关键的就是坚决不开口、不批评、不称赞，甚至不评论。因为有些话换个语境就会发生变化，还会被有心人掐头去尾、添油加醋，倒不如将这个原则一以贯之，遇到八卦的同事，就对他亮明你的原则，让他知难而退。

## 当同事当着领导的面问你"能不能帮我一个忙"

同事之间的合作不可避免，但总有同事耍小聪明，当着领导的面请你帮忙做他的本职工作。遇到这种事情，又该怎么化解呢？

**一般的回话：**

不好意思，我现在也很忙，手上的工作是今天下午就要交给领导的，我实在是抽不出时间来，您看看其他同事有没有时间吧。

**高情商回话：**

×哥（×姐），不是我不想啊，是我做不到啊。实不相瞒，我手上这份报表，领导让我尽快交上去，最迟是下午下班前，但现在我连报表所需的数据都还没弄全呢，正在这儿催各个同事赶紧把数据汇总交给我呢。要不，您再去问问别人？

在同事请求帮助的时候，要分清是否是自己的分内工作，如果不是，就果断拒绝，避免后续出了问题后要承担自己原本可以避免的责任。另外，在拒绝同事的时候，不仅要强调手头有工作，还要提供一些细节，增强可信度，即便领导就在跟前，也说不出来什么。

# 如果同事问你一些隐私问题（私事）

办公室里，总有同事喜欢聊些家长里短，然后再向你打听你的私事，像是调查户口一样询问你家里有几口人、有没有兄弟姐妹、有没有谈朋友或结婚、打算什么时候结婚或要小孩，等等。遇到这种情况，你不愿意回答的时候该怎么说呢？

**一般的回话：**

哎呀，这些和工作没有关系的话题，还是别聊了，好歹也算是个人隐私啊，您又不是调查户口的……

**高情商回话：**

×哥（×姐）这么关心我啊，真是让我受宠若惊。其实我也没什么特殊的，跟我这个岁数的人都差不多，也没什么好聊的，无外乎都是那点事儿。在工作场合说这些不合适，让领导看见还以为咱们都不好好工作呢。等什么时候有机会了，咱们单独约出去，小酒喝着，烤串吃着，再聊也不迟。

对待这样的同事，不能直接拒绝，而是要有策略地转移话题，一定要告诉他，这个场合不适合说这些话题，然后点出被领导听到后会留下不好的印象。然后再故意"画大饼"，说明私下聚会的时候再聊八卦。实际上，你几乎没有可能会和公司里的"小喇叭"单独聚餐。

## 同事的工作出现错误，问你应该怎么解决

任何一项工作都不能保证永远不出错误。如果同事因为自己的失误而导致工作出现问题，一时之间陷入慌乱，问你该怎么办，你应该如何回复呢？

**一般的回话：**

我也不太清楚啊。我建议你直接去找领导，问问他的意见，看能不能找到解决方法。

**高情商回话：**

关于你的工作我也不太清楚具体的情况，不好随便给出具体意见。但我建议你，自己先想好几个备用的解决方案，然后去请示领导，听听他的指示。以前我也遇到过类似的情况，先冷静下来，自己找一些备用方案，至少咱们在态度上是想要积极解决问题的。

当工作出现失误或错误时，当事人肯定会有一些慌乱，不要随便给出具体意见，免得对方把这个意见当成救命稻草，如果成功了还好，若是没能挽回，就等于给自己挖了一个坑。拿出备用方案请示领导，让领导作出决策，既表现出对领导的尊重，也能表现出解决问题的积极性，让同事稳定下来，继续工作。

## 同事总是迟到早退，问你能不能帮他圆一下

公司一般都会有考勤制度，有的会严格一点，有的则选择弹性考勤。如果遇到经常迟到早退的同事，或者中途离岗（接送小孩等），她让你帮忙圆一下，尤其是领导来查岗的时候。遇到这种问题，你该如何回答呢？

**一般的回话：**

这个我也无能为力啊，如果领导问起来，我只能实话实说。

**高情商回话：**

×姐，咱们公司是打卡上下班啊，这个可做不了假。如果您是中途出去处理私事，来回几十分钟的话，我还是建议您直接向领导说明情况，只要有合理的理由，领导还是比较通情达理的。如果瞒着，这事儿的性质就变了，得不偿失啊！

公司考勤制度，在一些领导眼中是非常基础的公司制度，其重要程度可见一斑。在这个上面进行隐瞒，是得不偿失的，千万别抱着"领导不问我就不说"的想法，一般能提出这种要求的，一定不是偶尔为之的同事，帮了第一次，后面会有无尽的麻烦。

## 同事遇到了一点困难，想向你借一点钱过渡

虽然在职场上遇到被借款的情况不算特别常见，但是有些同事在遇到买房、结婚的时候，抑或刚入职不久的职场新人，也会有需要借款过渡的情况。遇到这种问题，你该如何化解呢？

**一般的回话：**

咱也是个苦哈哈的打工人，还真没有多余的钱能借给你。你还是想想其他的办法吧。

**高情商回话：**

按理说，您问我是看得起我，觉得我像是有积蓄的人。但说实话，我手上的积蓄也就够挨到下个月发工资，我也想借给您，但没实力啊。实在不行，您看能不能和行政人员商量一下，预支一些工资。

职场上都是同事，鲜有朋友，面对同事借钱，最佳方式就是"卖惨"，要根据自身情况摆明自己比他还惨，比如背着房贷、父母生病、月光族等。但在阐述的时候，可以采取自嘲的方式，让对方觉得你不借钱不是因为不想而是做不到，最后再提出找行政人员商量一下预支，让对方觉得你有帮他想的可行方法。

## 共同合作一个项目时，同事问你客户是什么意思

合作做项目的时候，常常要和客户（甲方）进行讨论，及时调整工作方向和重心，在这种环节，会有其他同事也会和客户沟通。有的同事和客户沟通后仍然不理解客户的真实想法，但不去询问客户，反而来询问你客户是什么意思。面对这种情况，你该如何回答呢？

**一般的回话：**

有人会很直白地表达出：客户说的意思是……

或者会搪塞：这个问题具体是你和客户进行沟通的，客户是什么意思，你没了解清楚吗？

**高情商回话：**

这个客户找咱们公司合作的主要诉求是为了提升他们的品牌影响力，咱们制定的方案也是围绕这个主题开展的。我并不清楚你们的沟通过程，所以没办法准确领悟客户的想法，只能跟你说他的需求，具体到你负责的环节，我觉得你还是应该去问明白。了解客户的真实想法，更有助于推进工作，免得做了无用功。

把握客户的需求，不是靠猜测。在回答的时候，不能让同事觉得你在推卸责任，更不能武断地作出决定，一旦出了问题，很容易陷入被动局面。可以先讲出自己在和客户沟通时掌握的情况，再让同事根据这个思路去了解客户的真实想法。

## 因团队合作，双方发生不愉快，纷纷向你发难

在团队合作的过程中，有时会引发各种不愉快，大部分人能够保持成年人的体面，即便有纠纷也不会表露出来，但也有人无法控制自己的情绪，在公共场所向主要负责人发难。面对这种情况，你该如何应对呢？

**一般的回话：**

大家也都是为了工作嘛，在工作中遇到问题很正常，大家有分歧也很正常，不要放在心上……

**高情商回话：**

哎呀，看来大家这段时间因为工作积累了不少怒气，没关系，为了发泄，向我开炮吧！为了项目能获得成功，我愿意充当人肉出气筒（看大家有所缓和后说）。其实，大家都是为了工作，可别把工作情绪带出公司，也别带到后面的工作里。

情绪的失控，在当时讲什么道理都是徒劳的，可以用开玩笑的语气缓解大家的抱怨。也可以和他们站在同一战线上，吐槽客户、吐槽不合理的工作量等，重点是让大家知道自己也不顺心。待众人回归理性之后，再继续。

# 同事对领导有怨言，问你怎么看

很多基层员工如何迅速形成小团队？靠说领导坏话。这绝对是一条非常不值得提倡的职场规则，但如果遇到"不懂事"的同事，常常向你抱怨领导，不仅自己说，还要询问你的意见。遇到这种情况，你该怎么化解呢？

**一般的回话：**

小心隔墙有耳，你的抱怨过不了几天就会被领导知道的，千万别再说这种话了……

或者是：可不是，领导最不讲道理了……

**高情商回话：**

首先呢，我得感谢你如此信任我，这种体己话都能跟我说，但我这个人有个"坏毛病"，就是坚决不肯背后评论别人，不管是领导还是同事。您跟我说的话，我就左耳朵进右耳朵出，而且我的记性还不好，出了门就忘了。

面对同事的这种抱怨，无论他是真的在吐槽还是在套话，我们都假装对方是无意而为之。说出处事原则，不背后评论。之后再点出，自己不会去传话，也不会记住。用这种方式让对方知道自己的态度，久而久之，身边就不会再出现这种不识趣的人了。

# 同事之间有分歧，纷纷拉你站队

只要是有人的地方就有江湖，有江湖的地方就有站队。很多人都指点过职场规则，不要随意站队。可如果几个"山头"的领导都特别看重你，尤其是有一个领导想要拉你入局，你该如何回答呢？

**一般的回话：**

真是谢谢 × 哥对我的看重，但我这个人说话特别直，很容易得罪人，您现在看重我，没准儿过不了多久就觉得我总给您惹事了，我还是踏踏实实干工作吧。

**高情商回话：**

× 哥，我就是个干事儿的，您有工作交代给我，我绝对全力以赴完成，只要是工作，我绝对不给您掉链子。但我家里的事情特别多，每天光是工作、加班和在家里"当孙子"就已经把时间都占满了，实在是无心处理其他关系，也请 × 哥体谅体谅我。

很多中层领导拉帮结派，都是为了壮大自己的势力，所以需要投入很多精力处理人际关系。在这个时候，适当示弱、表态确保完成工作、用家庭当挡箭牌是最合适不过的了。不要直接拒绝所谓的站队，只说自己没精力，再请对方体谅自己。这样做，即便对方心生不满，也不好再多言。

## 同事有了想要跳槽的心思，询问你的意见

每家公司的员工都是流动的，尤其是有能力的员工，还会收到猎头的邀请。一般来说，成熟的职场人对跳槽这种事情都会有所隐瞒，但如果碰到"不成熟"的同事心生跳槽之意，问你的意见，你该如何作答呢？

**一般的回话：**

这个我可给不出好的意见，我只能建议你慎重考虑。

**高情商回话：**

这么重要、这么秘密的事情，你都能说给我听，看样子是非常信任我啊。我也不能辜负你的这番信任。我真诚地建议你，谨慎考虑一下，或者去找领导谈谈目前干得不顺心的原因，看能不能解决问题。如果还没有找到新的工作，可以先去了解一下劳务市场的情况；如果已经有了明确的新公司，也可以先了解了解，看看和面试时候说的是否一致。如果真的做出了决定，那就祝你有更广阔的前途！

员工离职，大概率是薪水不到位和工作内容不匹配。三点建议虽然看着空泛，实则是基础问题：能不能内部解决、了解市场行情和了解新入职公司。你只要让同事感受到自己的真诚即可，而且这种空泛的回答即便被别人知道也无伤大雅。

第四章

应对领导，
先掌握精髓再回答

## 领导问你文案什么时候能做出来

领导让你做一份紧急文案，告诉你两天内必须做出来。但刚过了半天，领导又过来询问你，这份文案很紧急，你什么时候能做出来。面对这种情况，你该如何回复呢？

**一般的回话：**

不是说给两天的时间吗？我现在刚开了个头，估计还得需要些时间才能完成。

或者：我刚开始写，在您规定的时间里大概能完成。

**高情商回话：**

这个文案虽然时间紧、任务重，要求我两天时间必须完成，但质量上我不能放松要求。从您交代给我之后，我先用了两个小时的时间查阅资料、整合数据，然后开始搭文案框架。现在，整个框架已经搭起来了，明天下班前肯定能交给您。如果特别着急，我尽量在明天下午三点前交给您，但再提前，就真的是来不及了。

领导再次询问有两种原因，一种是这份文案的截止时间有变动，另一种是领导忘记前面的时间安排了。但不管是哪种原因，一定要先表明，自己从接受这份工作开始没有耽误时间，整个方案都在有条不紊地进行着；再表明，在保证质量的同时，自己还能再压缩几个小时，如果压缩不了时间，就一定要强调质量过关和数据严谨等客观因素。

# 领导询问你工作进展得顺不顺利

领导交给你一项任务，让你独立完成。过了几天后，领导特意过来关心地问你项目进展得顺不顺利。遇到这种情况，你该如何回复呢？

### 一般的回话：

领导，工作进展得特别顺利。

或者：领导，工作进展得不怎么顺利，我正准备找您呢……

### 高情商回话：

领导，从我接到项目到现在，已经完成了数据整合、搜集资料、市场调研等前期工作，这部分非常顺利。现在正在进行的是比价环节，因为需要同供货商协商更低的价格，制作最符合真实情况的成本预算。截至目前，还没有遇到特别大的问题和无法解决的阻碍。后面的工作如果有了进展，我会及时向您汇报。

被领导询问时，如果项目顺利就直接汇报项目进展，如果项目进展不顺利就表明项目运行时遇到的困难和自己想到哪些解决方法。在这个时候，千万不要跟领导说不顺利，有问题，但不讲解决方法。这样做只会让领导觉得，如果他不问你就不向上面汇报，会形成很负面的印象。

## 领导询问你团队是否融洽

一个项目小组刚刚组成、小组加入了新成员，抑或是因为员工之间闹矛盾有人打了小报告，领导找到你询问这个团队相处得是否融洽。面对这种问题，你该如何化解呢？

**一般的回话：**

我们这个项目组还是挺团结的，新成员也能迅速加入进来。我们的成员都是比较友善的。

或者：小 × 和小 × 之间的确有点儿分歧，但都是因为工作，没什么大事。

**高情商回话：**

感谢领导的关心，我们这个团队就好比是"老夫老妻"，虽然在工作上可能存在分歧，但大家都是公私分明，就事论事。即便有几天"别扭期"，但过后大家也能放下分歧，继续努力工作。

领导询问团队合作是否融洽，一定是有一个极为特殊的原因，如新成员加入、新小组成立、有人打小报告，抑或是其他团队成员告状。但万变不离其宗，切忌点出是某个具体的成员引起了矛盾，切忌暴露私人情绪，要表明大家都是为了工作，即使有矛盾也能化解。

# 领导听完工作汇报后问你有没有什么问题

　　除了在每周例会上向领导汇报进度，你也经常会单独向领导汇报工作。这比在例会上汇报工作更隐私，也更能说出实际情况。当你汇报完毕之后，领导突然问你还有没有问题时，你该怎么回复呢？

**一般的回话：**

　　没问题！领导，这个项目目前进展得很顺利，不会出问题的。

　　或者：其实这个项目还有一些问题，原本一直想向您汇报的，今天您问到我了，我就直言不讳了……

**高情商回话：**

　　领导，从目前来看，项目本身没有特别棘手的、需要您来指导的问题，我们团队的成员齐心协力就把问题解决了。虽然有点儿小波折，但没有拖延进度。我想着，这是小事，也得到解决了，所以就没向您汇报，您需要更多的时间和精力做更重要的工作。

　　在执行具体某个项目时，我们会遇到很多小问题，需要及时解决。但是领导主动提起，有可能是他听到了什么风声，所以不要故意隐瞒问题，而是要强调在所有人的努力下已经解决了。至于为什么没有向领导汇报，也要找一个好的理由。

## 领导问你客户是否满意

客户来公司进行调研，由你全程陪同，向其介绍公司情况、项目准备情况等。等客户离开后，领导过来询问你，客户对整个过程是否感到满意，谈成的希望大不大。面对这种询问，你该怎么回答呢？

### 一般的回话：

这只是刚开始，我也不知道能不能谈成，看样子他还是挺满意的。

或者：我觉得够呛，他虽然来咱们公司了，但挑三拣四的，不太有希望啊。

### 高情商回话：

领导，客户这次来咱们公司主要就是为了了解咱们公司的规模。在此之前，我们已经在线上沟通过一两次了，看样子他已经将我们公司纳入考虑范围了，要不然也不可能过来。但在合同签下来之前，我们都不能掉以轻心，接下来，我会继续跟进的，及时询问客户的感受和需求，争取拿下。

客户的满意程度高并不代表就一定能签下合同，但领导这么问，说明他很看重这个客户或这次合作机会，所以要用积极的态度去回复。要让领导觉得，即便这笔生意没有做成，但至少到目前为止，你的所有努力都是正向的，是在积极促成合作。

## 领导问你和客户交流得是否顺畅

你好不容易签订了合同，达成了合作，便开始和客户就项目如何推进不停地沟通。但同样地，双方在很多细节上也产生了分歧……这时候，领导突然把你叫进办公室，询问你和客户沟通得是否顺畅。你该如何回答呢？

**一般的回话：**

还可以吧，但他总是提出各种新的要求，但这些要求原本不在合同范围内，如果都照单全收，咱们就亏了。所以我只能据理力争，特别麻烦。

**高情商回话：**

还可以，双方都是为了推进项目，他为了他的公司着想，我为了咱们公司的利益考虑，肯定会有分歧，还会有无限拉扯。在项目运作过程中，这些都很常见，我也在您的带领下干过不少项目，都习惯了。兵来将挡，水来土掩吧。

当领导询问时，你一定要知道什么能说，什么不能说、尤其是不能抱怨客户。可以多强调自己和客户之间的矛盾更多的是为了维护公司利益，而不是自己在消极怠工。强调自己是一名成熟的职场人，可以应对，并且之前在领导的带领下，积累了很多经验。

## 领导特意把你叫到办公室，询问某件事情的过程

在职场中，难免会和别人产生纠纷和矛盾，尤其是发生在不同部门之间，很有可能被人告状。如果领导特意把你叫到办公室，询问你事件经过。面对这种危机，你该怎么化解呢？

**一般的回话：**

领导，×× 真的是太过分了，您给评评理，当时我们……

或者：我们照着公司规定（您的吩咐）做事，×× 突然过来跟我说，他要那么做。我说不行，不符合公司规定（您交代给我的）……然后我俩就吵起来了……

**高情商回话：**

哎哟，没想到这么点小事儿也能传到您那儿去，我是真没想用这种小事来麻烦您。但既然您知道了，我也得还原一下事情经过……其实，都是小矛盾，但我还是认为需要依照公司制度（领导安排）来行事，所以当时没有让步。当然，如果领导认为有必要，我也愿意大事化小、小事化了，毕竟公司内部的团结也很重要。

如果自己本身就有错，就先承认错误；如果自己没有错，也不能得理不饶人。先向领导表明自己的做法有公司制度或领导的交代作为准则，正是因为你的坚持导致了矛盾和分歧。同时也表明，为了公司内部团结愿意放低姿态，给对方一个台阶。

# 领导吩咐了一件事情，问你懂不懂他的意思

领导把你叫进办公室，吩咐你去做一件和工作关系不大的事情。你觉得自己已经听明白了，但领导突然问你懂不懂他的意思。面对直属领导的疑问，你该如何回答呢？

**一般的回话：**

懂了，领导，我会做好的。

或者：啊？领导，您不是让我抓紧时间做这件事情吗？还有什么意思？

**高情商回话：**

领导，我也不敢说自己一定明白了。您把我叫进来，单独让我去做这件事，说明它非常重要，您特别重视，也说明您对我特别信任和器重，愿意把这么重要的机会交给我。您放心，我一定不辜负您的信任，也知道什么该说、什么不该说。

领导单独让员工去做某件事情，大概率是比较隐秘的，或是特别重要的事情的前期准备工作。这个时期，领导往往会单独找自己信任或能重用的员工做这件事情，以防止消息过早外露。所以除了要感谢领导的信任和器重之外，还要点出自己知道分寸。

## 你因为项目问题去请教领导，但领导反问你的想法

在项目进行的过程中，你遇到了比较棘手的问题，去领导的办公室里寻求领导的指点。但是领导并没有直接给出自己的意见，反问你的想法。这时候，你该如何应对呢？

**一般的回话：**

领导，我想了很多，但一直没想到好的应对方法，所以才来请教您的。

或者：我不知道该怎么做，还是请领导明示吧。

**高情商回话：**

领导，我想了两套方案，A 方案是……优势和劣势分别是……；B 方案是……优势和劣势分别是……但这两种方案都有明显的缺点，所以我才来请教您，希望您能给我指点一二。

领导的反问，隐含的意思是"你自己思考了没有"，其实就是想看看你是否已经独立思考过了，而不是遇到问题只会去找领导。完全可以在询问的同时，把自己做过的思考讲出来，或许想到的办法不够完善，但至少向领导展示了自己的积极态度。

# 你和同事有分歧，去向领导请示，领导反问你

虽然我们经常说，在职场里要与人为善，但实际上，很难保证不和同事发生矛盾。有些矛盾，甚至需要找领导定夺。然而，领导并没有直接回复你，而是反问你想怎么做。那么你该如何巧妙地回复呢？

**一般的回话：**

这个项目本身就是我主抓的，如果出了什么问题，肯定要向我问责。小 × 这么不配合我的工作，让我很难推进下去。我当然希望领导能够支持我的主张。

**高情商回话：**

领导，我和小 × 的分歧主要是在这个项目的……环节。我主张……他主张……这个项目是我主抓的，自然更清楚一些。当然，小 × 也是站在他的角度，也是为项目好。

如果和同事产生矛盾，切忌向领导特别强调自己没错，而是要从工作的角度出发说明情况。同时，也不能随便说对方不对，避免将矛盾扩大，给自己树敌。可以巧妙地将一切归结为都是为了工作，也避免给领导留下不好的印象。

## 客户有些不好沟通，领导问你有没有好的解决办法

领导询问你和某个客户沟通的情况，你抱怨说，这个客户不太好沟通，油盐不进。但领导却反问你有没有想过好的办法去解决。面对领导的质疑，你该如何应对呢？

**一般的回话：**

我想了啊，但是这个客户怎么说都说不通，一定要强调他的条件。他的条件根本就是不现实的。

**高情商回话：**

领导，目前客户的要求实在是超出了我们能够接受的范围，我已经采取过迂回战术，但客户还是不接受。我又提出了可以增加服务措施来确保利润空间，客户却说不需要服务措施。我想了所有能想到的办法，除非咱们放弃利润空间……您看怎么解决呢？

当领导问你有没有好好想办法的时候，一定要详细地说明自己采用了什么办法，客户是什么反馈。不能笼统概括为客户不讲道理。要向领导展示出自己的积极态度，并且点出客户纠结的点究竟是什么，如果要以放弃利润空间这种核心利益作为交换条件，就必须请示领导。

# 拿下项目后，领导问你想要什么嘉奖

当一个重大项目成功之后，公司会根据情况进行嘉奖，但一般来说都是由领导直接决定。但如果领导突然询问你想要什么时，一定要谨慎作答。

### 一般的回话：

让我来说吗？我希望能够在职务上更上一层楼，按照公司规定，咱们的提成比例是 × 个点，但这个项目是重中之重，我希望能够在提成之外，还额外奖励我……

### 高情商回话：

领导，您这是在考验我啊。按照公司的奖励制度，我这个项目属于 S 级别的，提成比例是 × 个点，职务上升一级。当然，如果公司真的特别认可我的付出和努力，奖励我什么，领导说了算。

几乎每家公司都有自己的奖惩制度，这些都属于公司制度的一部分。按理来说，领导并不需要询问员工，照章办事就可以。所以，如果领导问你，那么就是在考验你是否"飘"了，你一定要强调自己尊重公司制度，如果领导另有安排，自己也愿意服从。

## 拿下项目后，领导问你如何总结这段时间的成果

有一些领导特别喜欢时刻总结经验。你有一个项目刚刚拿下，他会突然问你：成功拿下这个项目你会怎么总结自己的工作成果呢？这时候的你该如何应对呢？

**一般的回话：**

还行吧，这个项目能够拿下，多亏了领导的指点和同事们的支持。

或者：这个项目真是几经波折啊，花费了我很多精力，幸好拿下了。

**高情商回话：**

这个项目主要是由我负责，×××和×××做辅助，由B组配合。中间出现了几次小问题，也都在您的指点下找到了最佳解决方法。通过这次实践，我也学到了领导您的应对方法，相信对今后的工作是个很好的提升。

领导都喜欢总结，但绝对不愿意听场面话和奉承，尤其是那些特别不走心的类似于模板的总结。所以一定要说明项目组成员遇到的困难、如何解决等充满细节的部分，让领导看出你用心了。

# 拿下项目后，领导问你打算怎么分工

好不容易签下一份合同，开始准备实施时，领导突然把你叫进办公室，问你打算怎么分工。这时候你该如何回复呢？

**一般的回话：**

还是老样子，×××负责前期筹备，×××负责撰写方案，×××负责和承包商沟通，大家共同推进。

**高情商回话：**

领导，我们这个项目组是比较稳定的，×××负责前期筹备，×××负责撰写方案，×××负责和承包商沟通，我负责统筹规划和与客户沟通。他们都是经验丰富的成员，应该是没有问题的。如果您有更合适的人选，当然是听您的意见。

领导过问分工细节，要么是有你不知道的人事变动，要么是领导要安插进来他更信任的人选。所以在你回答完自己已经习惯的分工安排之后，可以多问一下领导的意见，让领导来决定这种分工方式是否可行。

## 拿下项目后，领导问你准备和哪个部门一同合作

开始搭建项目组和合作组时，领导问你打算和哪个组进行合作。你该怎么回复呢？

**一般的回话：**

就还是 B 组吧，我们合作过很多次了，要是换了新的组，我们组还得重新同他们磨合。

或者：谁都行啊，反正都一样。

**高情商回话：**

领导，在此之前，我们和 B 组合作的次数最多，彼此之间也最熟悉。当然，这也只是我的初步想法，也不知道 B 组的几位同事是不是有时间配合我们。领导，您看这样安排合理吗？如果您觉得合理，能否帮我们协调一下 B 组的时间呢？

和已经熟悉的小组合作是再正常不过的选择，但一定要记住，B 组和你是平等的，不是你的下属，而是领导的下属，所以不能忘了领导的重要作用，更不能代替领导作决定，这是职场的大忌。

# 没有拿到项目，被同行抢了先，领导问你为什么失败

和客户沟通过很多次之后，却得知客户没有选择你们公司，而是选择了竞争对手。领导有些生气，问你为什么会失败。面对领导的怒火，你该如何巧妙化解呢？

**一般的回话：**

他们开的价格太低了，所以才能争取到这份合同。

或者：竞争对手的规模比我们要稍微大一点，而且有资深人士，所以客户选择了他们。

**高情商回话：**

领导，知道客户选择了竞争对手后，我就特意去询问了一下客户的意见。据客户反映，咱们的竞争对手在报价上比咱们低了一成，而且承诺会赠送其他服务。但是我想，盲目地降低报价并不能真正解决问题，咱们的报价已经很低了，如果单纯地打价格战，对我们反而不利。

在领导发火的时候，一定不要用抱怨、消极的态度来回答问题，要展现出自己在挫折面前仍然能积极进取的精神。主动询问客户，得到确定原因后努力分析，这些都能让领导知道，你还是在积极解决问题。同时，也要表明如果利润过低，合作的必要性就会大大降低，让领导知道不能只求拿下合同而不追求利润，这是本末倒置。

# 你准备离职，领导问你原因

很多员工在准备离职之前，领导都会把他叫进办公室，然后推心置腹地询问离职原因。面对这种情况，你该如何回复呢？

**一般的回话：**

领导，我是因为家里有事，需要我回去照顾，所以实在顾不上工作了。

或者：领导，我觉得我现在的付出和收获不成正比，所以想要到外面闯一闯。

**高情商回话：**

领导，我在公司工作了这么长时间，真的非常感谢您对我的提携和照顾。但您也知道，公司的工资并不高，只能靠提成。最近我家里出了一些事情，需要更多的收入。我很舍不得离开您，但实在是没办法。如果您有时间，我想请您吃顿饭，好好聊聊。今后我会努力取得更好的业绩，以回报您这些年来对我的栽培。

在离职时，如果真的是因为家庭原因可以直言不讳，但如果已经找到新工作，千万不要抹不开面子。职场的圈子很小，稍微打听一下就能知道你的下家，倒不如坦诚地说出来，并且一定要对领导表达感激之情，让领导觉得你是个懂得感恩的人。

第五章

# 面对下属，
# 细节处展现管理能力

## 下属做事前，总是问你这样行不行

有些已经在公司工作很长时间的下属，每次做事之前都犹豫不决，总是询问你这样做行不行。面对这样的员工，你该如何应对呢？

**一般的回话：**
你怎么总是来问我，自己一点主见都没有吗？
或者：我告诉你，这么做……

**高情商回话：**
你先告诉我，你准备怎么做，第一步是什么，第二步是什么（对方回答）。你看，你不是都知道步骤吗？作为一名老员工，你应该相信自己的能力，而不是像新人一样，总是跑过来问我。

有些员工是因为不愿意承担责任和失败的风险，有些员工是对自己的能力没有自信，所以特别依赖领导做指示。不管对方是哪一种，作为领导，都要表现出自己鼓励他们、亲和待人，而不是用咄咄逼人的方式去指责下属。

# 下属做事没有自信，总是问你"我做得还可以吗"

有些员工特别在意领导的评价，做点什么事情都想得到领导的评价，所以他总是问你：领导，您看这个我做得对不对、做得好不好？面对这样的下属，你该如何回复以示鼓励呢？

**一般的回话：**

你做得挺好的，继续干吧！

或者：特别好，你要加油哟！

**高情商回话：**

小 × 啊，你也是一名经验比较丰富的老员工了，你自己做完工作，就应该有一个基本的评价——好还是不好。好的话应该怎么让自己更好，不好的话该怎么改进。咱们公司也不断有新员工进入，我还指望你能帮我多带带新人呢。对自己有点自信，你看我对你都很有信心的！

员工在意领导的评价，本质上也是对自己的不自信，希望得到领导的肯定。抑或是他不愿意自省，只想从领导的评价中得到正面反馈。所以面对这类下属，回话时不仅要及时鼓励他，还要有具体的措施，如准备让他带新人等。

## 下属遇到挫折，向你请教，你该如何给予激励

很多员工在执行的过程中，总会被无数次失败所击溃，觉得自己一事无成，还总是给部门拖后腿。有一些年轻的员工会找到领导，进行自我批评和自我怀疑。面对这种年轻的小同志，你作为领导，该如何激励他们呢？

**一般的回话：**

谁都是从这个年纪过来的，失败一次没什么，失败的次数多了，你就知道该怎么规避风险、避免下一次失败了。毕竟失败是成功之母，不经历风雨，又怎能见彩虹呢？

**高情商回话：**

小 ×，你来找我聊"失败"，我很高兴，说明你已经开始正视自己了。那我有几个问题：这一次为什么会失败？哪里做得不够好？还能不能更好？如果有下一次，你怎么确保自己成功？我相信，你自己曾经无数次问过自己，也有了自己的判断。一次失败不足以否定一个人，我相信你能站起来，战胜失败。

一个愿意进行自我批评的人，并不会听鸡汤式的鼓励，而是要说到他们的心里去。作为领导，几个来自灵魂的发问往往更能够打动他们，就好像是领导带着他们重温失败的原因，找到成功的方向。最后再强调你相信他们。这种鼓励比唱高调的鼓励更加温暖人心。

# 下属因为加班工作，第二天早上没到公司被大领导问起

我们常常会遇到加班加点的情况，晚上回去太晚了，第二天没能按时到岗。有些大领导并不知道前一天晚上的加班情况，第二天一早看到有员工没来，就会询问中层领导或项目负责人。面对这种情况，你该如何回复呢？

**一般的回话：**

领导，昨天他加班到很晚，估计是没听到闹钟响声，所以迟到了，您等等啊，我给他打电话催催他，让他赶紧来公司上班。

**高情商回话：**

领导，小 × 昨天晚上为了做今天项目会议的 PPT 文件，做到晚上十二点，十分辛苦。咱们公司以人为本，昨天晚上我特意跟他说，让他打车回家，好好休息，今天可以晚来两个小时，以示公司的体恤。如果领导有事要找他，我打电话问问，您看需要吗？

员工加班导致第二天晚到公司，大领导的询问并不是为了让你马上把员工叫来上班，甚至有可能只是无意的询问。但你作为中层领导，可以抓住这个机会，向你的下属展示你的宽容和人文关怀，并且这也是在向大领导展示你十分会说话、会办事。

## 下属和客户谈崩了之后，问你怎么办

交代下属去和客户谈判，但下属没有把握好，直接和客户谈崩了，把已经准备很久的项目搞砸了。下属实在没有办法，只好找到你，询问你该怎么办。面对这样的困境，你该如何化解呢？

**一般的回话：**

怎么会搞砸呢？你是怎么去沟通的？是没有回旋的余地了吗？

或者：原本都已经要签合同的项目，你居然给搞砸了。我能有什么办法，你去找大领导解释吧！

**高情商回话：**

现在说什么都晚了，你先跟我说说到底是什么地方、什么细节激怒了对方。（了解清楚后）这样吧，这个项目你不能再跟了，大领导的问责先往后放。你去和小×好好聊聊，他经验更丰富，让他接手这个项目再去试试，看能不能挽回。如果最终还是不行，大领导问责的时候，我也不会袖手旁观，到时候再想办法帮你解释吧！

事情已经发生了，光是斥责根本解决不了问题，还会让大领导觉得你难堪重任。先冷静下来，梳理问题究竟出现在哪里，然后找到合适的接手人。对于这个犯了错误的下属，要先说明工作交接和责任分配，再安抚住他的情绪，表示自己会和他一同承担责任。

# 下属觉得自己遭到不公正待遇，向你诉说委屈

很多基层员工总是觉得自己被直属领导忽视、压制，受到不公正待遇。一个下属越过小组长，找到身为部门经理的你，向你诉说自己是多么委屈，问你公司怎么处理。面对这种情况，你该如何通过高情商的回话平衡呢？

**一般的回话：**

这样吧，我去了解一下情况，再给你回复。

**高情商回话：**

首先，我必须感谢你勇敢地向我来反映问题，如果确定你说的这些情况属实，相信有不少基层员工都会有相同的感受，他们也会感谢你的勇敢。但目前我没有了解过情况，不能随便给你承诺什么，但请你相信我，如果情况属实，我一定会把这个错误纠正过来。但不管怎么说，也是我的工作不仔细，才让你觉得受了委屈，我先给你道个歉……

对于基层下属的反映，不能用一句轻飘飘的"去了解一下"来搪塞，而是要认真对待。无论情况是否属实，都要先肯定对方来反映问题的态度，再去了解情况。这么做，能够最大限度地安慰下属，让他们觉得你和他们的直属领导没有"官官相护"，才会在最后相信你的处理结果。

## 下属觉得自己被公司忽视，问你怎么处理

如果不是基层员工的抱怨，而是小组负责人跑来诉苦，觉得自己没有得到公司的重用，被发配到边缘地带，处理没有利润空间的"僵尸项目"。面对这种情况，作为部门经理的你该如何应对呢？

**一般的回话：**

咱们公司的项目实行的一直都是公开竞争的方式，你觉得自己拿不到好项目，是不是自己的能力问题？在质疑别人之前，你更应该先问问自己吧……

**高情商回话：**

咱们公司里，不是所有项目都有很高的利润空间，也有小项目需要人来操作。但谁来做，不是别人说了算，而是你的能力说了算。既然你觉得自己能做，没问题，我一定大力支持，但你得向所有人展示出来。这样吧，接下来会有一个重点项目，如果你觉得可以，就去参与竞争。只要能竞争得上，我保证把项目分配给你。

不要过分纠结过去的项目，而是激励他去参与接下来的竞争，鼓励他展现自己。并且表示你愿意给他机会，给他展示的平台，不能一味强调过去他不能参与是因为他的能力不够。除了语言上的安抚和激励，还要给出具体的机会，让他觉得自己被重视，至于后面能不能成功，这并不取决于领导。

# 下属不愿意加班，反问你为什么要加班

有些着急的项目需要加班，但有的员工因为自身原因，如需要回家照顾父母、陪伴小孩等，明确表示自己不愿意加班，甚至在你安排全体加班的时候，站出来反问你为什么要加班。面对这种情况，你该如何应对呢？

**一般的回话：**

这个工作着急啊，客户有时间限制，我们不加班就不能按时交给对方啊。

或者：你克服克服，大家都加班，只有你不加……

**高情商回话：**

小 × 啊，这是特殊情况。你看咱们也没有每天都加班，真的是这个项目太着急了，而且咱们这边一拖延，后续跟不上，要额外支付很多费用。还有，项目成功后分配奖金时，我能因为你拒绝加班，其他员工同意加班，而把你的那份拿出来给其他人吗？所以咱们是一个整体，要共同进退。你能不能克服一下？……

如果是整个组都要加班，可以小组利益分配为理由，请他为了整个组克服一下困难。同时，要在语言上尽量选择平和的、有商量余地的字眼。作为领导，心里也要清楚，加班不是员工必须承担的责任，只能用利益、集体荣誉等说服他们，而不能用强制的、高姿态的言语压迫他们。

## 下属需要他人协同，但别人不配合，问你该怎么解决

有些项目是多部门协同处理，原本已经商量妥当，但下属突然跑来跟你说，其他部门的某位同事不愿意配合，问你该怎么解决。面对这种情况，你该如何处理呢？

**一般的回话：**

是不是你没和别人沟通清楚？为什么别人都没问题就你有问题？

或者：这你得去找那个部门的领导，让他给你协调一下。

**高情商回话：**

是其他部门的哪个人？他为什么不能协助，是手里有工作吗？还有其他人可以替代吗？（询问完情况之后）这样吧，我去找那个部门的领导沟通一下，看他安排，是让那名员工先来协助你，还是派其他同事。你先去忙别的事吧！

如果是两个部门员工之间的沟通，可以让他们单独对接，一旦涉及其他部门领导，就不能让员工自己去对接，否则只会让员工觉得自己的部门经理在推卸责任、自己被部门所抛弃，这样不利于部门内部的团结。

# 下属陷入人事考勤纠纷，询问你该怎么办

每个公司都有自己的人事考勤制度，但有的员工可能因为加班、调休等，在考勤上显现出特别差，员工本人肯定不愿意莫名其妙地少拿钱，于是找到你问该怎么办。身为部门领导，你该如何帮他解决呢？

### 一般的回话：

你没有按照规定去走流程吗？就算是我让你加班的，你也得走流程啊。这个事情可不好办，我哪儿知道你是哪天少走了流程啊……

### 高情商回话：

你先别着急，如果你没有错，我肯定帮你证明。你先去人事部打印出上个月的考勤记录，然后找到当天的工作记录，不管是文件存储时间还是打卡记录，只要能证明你当天加班了，第二天早上晚到，这都是可以协调的。但毕竟已经过去那么久了，你必须有充分的证明。我也会尽力去和人事部门的领导协调，但以后你可得注意啊……

不要一上来就强调对方做错了什么，而是要想想有什么是可以补救的。作为部门领导，员工只是出了流程上的纰漏，一定要展现出"我愿意帮你解决和协调"的态度，才能让下属觉得领导有担当，而不是一有问题就先把自己撇清，什么都让下属去承担。

# 下属突然问你"我是不是哪里做得不够好"

有些员工比较内向，无法做到及时跟领导沟通，或和盘托出。久而久之，他们就会被忽视。这在职场上是很难避免的。如果一位长时间不跟你沟通的员工突然问你"是不是哪里做得不好"，作为领导，你该如何化解对方的焦虑呢？

**一般的回话：**

都挺好的啊，你别老瞎琢磨，好好干活吧。

**高情商回话：**

小 ×，最近是出了什么我不知道的事情了吗？还是我有什么行为给你造成了误会？我先声明，我对待下属是一视同仁，有能力的往前推、稍微弱一点的拉一把，所以咱们部门才能团结做事。而且，我并没有觉得你哪里做得不好，我想的是能不能让你更好。来，咱们好好聊聊。

敷衍的一句"挺好的"并不能真正消除员工心里的芥蒂，如果有员工这么询问，说明他内心一定非常焦虑，评价好坏之前，还要解决焦虑问题。这时候，强调一下自己的原则，表明他没有不好，你希望他更好，让他觉得自己对公司、对部门还有价值。接下来，再通过沟通化解他的焦虑，找到根源所在。

# 年关时，下属询问是否有年终奖

　　每到年关，几乎所有员工都会关心有没有年终奖。如果下属跑来询问部门领导今年有没有年终奖、什么时候发放，你该如何回答呢？

**一般的回话：**

有了肯定会发的，你再等等。

或者：这是大领导决定的事情，我也不清楚。

**高情商回话：**

　　我也和你一样，都在关心年终奖。上一周我已经把咱们部门的结算清单交给了大领导，而且把大家的表现都做了情况说明，等整个公司都做完这个流程，清点了年度财务，应该就会发放的。但具体能发多少，我会尽最大的努力替咱们部门争取的。说到底，谁都指望着年终奖呢……

　　下属跑来询问，一定不是一个员工想知道，而且你的回答不只是他知道，其他下属同样会听到。所以，借着这个机会表明你作为部门领导，已经把能做的事情都做了，至于发多少、什么时候发，不是部门领导决定的，而是由大领导根据公司财务情况来决定的。

## 下属提出离职，问你如何交接

在职场中，人事变动是很常见的事情。如果下属跑来向你提出辞职，并询问交接给谁，你该怎么回答呢？

### 一般的回话：

哦，你决定要走的话，记得向人事部提交辞职报告，你的工作就交给小 × 吧。

### 高情商回话：

既然你已经决定了，我就不假客气地挽留一番了。你接下来打算好了吗？找到新单位了吗？需不需要我向对方做推荐？（待对方回答后）挺好的，你安排好了就行。工作方面你先统一汇报给我，到时候我再分配，或者你觉得谁能接手也可以告诉我。祝你今后一切顺利，在新单位里大展宏图。

有很多部门领导对离职员工的态度转变十分迅速，其实大可不必如此。员工有了更好的选择，领导的态度是好是坏，都不能影响他的决定，倒不如做个顺水人情。在员工离职时，先把工作都收回来，方便部门领导进行分配，再请他推荐合适的人选，给对方足够的尊重。如果后面还有要麻烦对方的地方，也方便你开口。这些都是部门领导需要考虑的。

第
六
章

面对新人，
切记满腔热情

## 新人问你"这份报表怎么做"

中大型公司一般会有老员工带新员工的工作模式，有很多新人刚入职时，很多东西都不会，需要老员工的指导。比如，新人问你"报表怎么做"，你该怎么回答呢？

**一般的回话：**

报表，很容易的，你这样……这样……

或者：我手上的工作比较着急，你先自己研究一下，很容易的。

**高情商回话：**

小×，你先等一等，我手上这份文件中午十一点之前就要交给领导，比较着急。这样，我先把之前做报表的模板发给你，你先照着做一下。等我忙完了，我再来看你做的，哪里有问题我再教你怎么改正。

带新人不是带学生，不需要你手把手地教，但同样也不能拿自己有工作当借口，直接不管他。公司很多文件都是有模板的，可以先把模板发给对方，让他照着写，实在写不好你再教。这样做既不耽误你的工作，还能试试新人的脾气、秉性，又不落人口实。

# 新人偷偷问你"公司有没有潜规则"

有些新人总是会自作聪明，认为和你交心了，就能无视职场规则，随意问你一些越界的问题。比如，新人在中午吃饭的时候，小声问你"公司有没有潜规则"，你该怎么回答？

### 一般的回话：

咱们公司可是正规公司，怎么会有潜规则呢？你想太多了，要把精力放在工作上，你的努力领导会看见的。

### 高情商回话：

潜规则？那不是娱乐圈才有的吗？咱们公司离娱乐圈可远着呢。如果你要问咱们公司有没有规则，有，公司制度、公司条款，好多呢。但潜规则，目前我还真没遇到过。小 × 啊，放心吧，咱们公司虽然规模比不上什么世界五百强，但好歹也是正规公司，不会有所谓的"潜规则"的。

一个新人如果能这么直白地询问，说明他是个不动脑子的人，完全没必要用特别正式的语气跟他说。你可以采用开玩笑、避重就轻等方式委婉地说明情况，最后强调一下公司的正规程度，没有所谓的"潜规则"，以避免新人不知轻重，胡乱传话。

## 新人总是有意无意地问你"谁是关系户"

如果新人自作聪明，在午饭时间偷偷问你"咱们公司里有没有关系户啊？靠山是谁啊？"，面对这种问题，你该如何回答呢？

**一般的回话：**

咱们公司的员工都是走正规招聘渠道招进来的，怎么可能有关系户？

或者：我不清楚啊，招聘是人事部的事情，咱们就是普通员工。

**高情商回话：**

关系户？咱们公司的招聘你又不是没经历过，过五关斩六将的。所有新员工都会经历岗位培训、制度学习等一系列的东西，然后才分配给各个部门。反正我观察到的，没有。要么是行业内的资深大佬，要么是知名高校的青年才俊，都挺厉害的……

对这个问题，你不用急着否认也不用承认，有没有关系户或许你自己都不知情。你只需要强调面试很严格，能进公司的人都有自己的能力，就可以了。对于这样明显不合时宜的话题，切忌随便开玩笑，因为你的玩笑很有可能被人掐头去尾胡乱传播。

# 新人弄不清流程总是来请教你

每家公司都有自己的工作流程，新人刚来的时候可能会适应几次，但如果有新人总是学不会，每次都来向你请教，你该如何应对呢？

### 一般的回话：

你怎么就不记着点呢？咱们公司的流程已经很简化了，就是在钉钉上发起审批，而且审批人都是固定的，你自己多操作几遍就会了，别总是问别人。

### 高情商回话：

小×，流程是很多工作的基础，你要上点心啊（语重心长）！来，我再教你最后一遍，你看着……不是我不想教你，也请你理解一下，我也有自己的工作要处理。流程只是你要处理工作中最基础、最简单的事情，如果你始终停留在提交流程的阶段，又怎么真正参与项目呢？我也是为了你着想啊……

不管新人是因为不认真，还是其他原因，强调最后教一次，并且要用更重要、更接触工作核心的工作安排当鼓励（也可以当警告），最后表明自己是为了他着想，让他挑不出任何问题。

## "聪明"的新人总是向你打听直属上司的喜好

很多新人自作聪明，认为只要和直属上级打好关系就能确保职场道路畅通。如果新人向你这位老员工打听上级的喜好，你该怎么回答呢？

**一般的回话：**

他就是个工作狂，没什么喜好啊。

或者：他喜欢什么我不知道，但我知道他不喜欢走旁门左道的人。

**高情商回话：**

领导的喜好？他喜欢下属踏实诚恳，最好能以公司为重，天天加班还不要钱。哈哈哈……开个玩笑。其实，所有领导都是一样的，喜欢听话的、懂事的、认真工作的、不搞事情的下属，大家努力工作不都是为了好好生活嘛，你说对不对？

不用直接讽刺或反驳，可以用开玩笑的言语，尤其是用打工人最看重的方面（工资待遇）来反驳。最后说明，直属领导也是来工作的，也不喜欢搞事情，再反问对方对不对。用这种话术让对方知难而退，也表明领导不喜欢这样投机取巧的人。

# 由你负责带领的新人总是问是否能转正

刚刚来的新人，会表现得特别在意能否转正，如果他总是问自己能不能转正，你该怎么回答呢？

### 一般的回话：

放心吧，咱们公司很少有人不能转正，你就好好干活吧。

或者：这个我说了不算啊，还是得由大领导来拍板。

### 高情商回话：

你是我负责带领的，我会如实向大领导汇报你的工作表现和工作成果。其实不用太过担心，咱们公司的招聘是非常严格和谨慎的，能够进入公司实习就说明你很有能力，只要你好好干，大概率是没问题的，你就放心地干吧……

新人在刚入职场或新加入公司的时候，的确会表现出一些紧张和焦虑，作为老员工，尤其是带领新人的老员工，可以适当地给他们鼓励，强调公司在应聘的时候就已经很努力挑选能力出众的新人，只要好好干，大概率会成功。不用甩锅，也不用敷衍，这种真诚的关心才是打通关系的关键。

## 新人私下里问你"公司是否有小团体"

新人在工作一段时间后，会对公司内部的人际关系有一定的了解。如果新人问你"公司里是不是有小团体"，你该怎么回答呢？

**一般的回话：**

你说的是×××和×××她们吗？她们关系是挺好的，女孩子嘛，有自己的喜好和话题，很正常。

**高情商回话：**

有工作相关的小团队，大家都是肩并肩的战士，比如你就是我带的团队成员啊。如果你说的是那些小女孩喜欢追星、讨论吃吃喝喝的小团体，应该也有，但我的年龄比她们大一些，已经没有兴趣去了解了……

任何公司都有自己的小团体，有人是因为兴趣爱好（追星、吃喝、逛街等），有人是因为私交甚好，甚至有人就是为了八卦。但你必须做到置身事外（借口年龄大了或家里事儿多），而且一定要强调那些小团体的凝聚力和工作没有关系。这样，新人觉得你很真诚，旁人知道后也不会对你有什么影响。

# 新人做错事，问你怎么补救

新人总是会出现做错事情的情况，如果你带的新人在制定维护客户关系的礼品表里少写了两个人，事后来问你怎么补救，你该怎么处理呢？

**一般的回话：**

怎么会少写呢？这两个客户可是咱们公司非常重要的资源啊。你还愣着干什么？赶紧去告诉行政部啊，让他们抓紧修改一下，已经买过了就赶紧加购。

**高情商回话：**

你先别着急，出了问题不怕，及时补救就行。我现在去问问行政部的小×，是不是已经购买了礼品。你再细心点，确定一下，是否就少了这两个客户。

小问题没有必要用特别严厉或着急的语气，如果太过严厉，会让新人觉得你是小题大做，影响他对你的信服度。很多小事，事后补救不影响什么，完全可以让新人从中学会怎么处理问题，还能让他对你心存感激，何乐而不为呢？

# 新人问你"我的表现好不好"

新人（尤其是校招的应届生）往往都会很在意自己的表现，每天做点儿什么、交点儿什么，然后问你"我的表现好不好"。你该如何回答呢？

**一般的回话：**

挺好的，没有错误就是好的表现，你要自信起来。

或者：你不用总是问我，你对自己的表现满意吗？

**高情商回话：**

小×，你应该自信起来，不用总是来问我你的表现好不好，而是要问问自己，对自己的表现满不满意，有没有什么地方能够做得更好。可能你觉得我这么说比较虚，但每个新员工都是这么摸索着成长起来的。我相信你能行，你也要相信自己啊！

适当的鼓励和表扬能够拉近新人和你之间的关系，让他明白不应该仅关注自己的表现好不好，而要拓展到如何表现得更好。最后点出你看好他，给他信心。通过推心置腹地交谈，才能达成拉近距离的目的。

# 新人向你打听其他同事的八卦

公司总是不缺八卦，有私人情感方面的、有两个部门发生矛盾的，很多新人不懂得收敛，特别喜欢"吃瓜"。如果你带的新人跑来问你公司内部的八卦，你该怎么回复呢？

**一般的回话：**

咱们公司可不喜欢天天八卦的人，你还是新人，自己小心点，不要总是站在"吃瓜"第一线，让大领导看到像什么样子……

**高情商回话：**

小 × 啊，我这个人岁数大了，为人也比较老派。但我还是得提醒你，有些八卦你愿意听可以，但不要拿出来传。你想想啊，其他新人为了留在公司把心思都放在工作上，你却天天"吃瓜"，要是被领导看见了，他会怎么想？我也是瞎操心，不想让你耽误自己……

不用强调公司到底有没有八卦、那些八卦是不是真的，而是要善意地提醒他，其他新人都在做什么。让他通过这种方式产生一些危机感，从而明白该做什么、不该做什么。完全不用采取警告等严厉的态度去对待，或者直接否认八卦，这样反而会让对方产生逆反心理。

## 新人问你如何融入团队

你带着新人和整个团队进行工作，但因为新人来的时间短、项目任务重，其他员工很可能没有精力去关注新人的感受。于是，新人问你该如何融入团队，是不是要请大家吃饭。面对这样的问题，你该怎么打消对方的顾虑呢？

**一般的回话：**

你想多了，大家现在都在忙着处理项目的工作，没有时间和你寒暄。你要先做好自己的事情。

**高情商回话：**

哎呀，这个事情我得先替其他组员向你道个歉，咱们这个项目时间太紧了，我也没时间带着你去向各位前辈打招呼。你不用放在心上，等这个项目结束了，我再把你介绍给大家。现在你就做一些力所能及的工作吧，帮助大家处理一些文件。再等一等，好吗？

可能新人进入公司的时候，整个项目都到了收尾的阶段，组员们的精力都放在工作上，小组里加入了谁，最多知道也就算了，但没有时间去交际。作为带领人，的确要为这个事情做好善后工作。你采取先说明情况再提出弥补措施的方式，让新人知道大家不是轻视他，也不需要他请客吃饭，能够取得对方的谅解和感激。

# 新人跟随团队获得成功后，询问你是否有奖金

整个项目团队获得成功后，往往会得到公司的嘉奖，但作为新人，可能付出得比较少。他找到你询问，他是不是也能和其他组员一样获得奖金。你该如何应对呢？

**一般的回话：**

这个事情我说了不算啊，但说实话，可能性不大。你来的时候整个项目都已经布置好了，你进入之后只是负责一些基础的文件处理工作，估计没有你的。

**高情商回话：**

小 ×，说实话啊，你来公司的时间很吃亏。当时这个项目已经进行过半，都在收尾阶段了，各种奖励分配基本已经确定了。当然，你为其他员工处理了很多基础的文件，这一点是必须肯定的。这样吧，我试着替你去向组长申请一下，成功与否需要看项目组长的意思。别灰心，就算这次不算你的，下一个项目你就能从头跟到尾了，肯定就有你的了。

中途加入项目的新人大概率是不会分到奖金的。但不能直接说，毕竟发不发奖金不是你说了算。同时，你也可以表示自己愿意替他去争取，如果争取不到，也要鼓励他别灰心，把目光放长远些。

## 新人向你询问公司文化和背景

公司文化是新员工入职之后岗位培训的内容之一，新人却跑来问你"公司文化和背景到底是什么"。面对新人的疑问，你该如何回答呢？

### 一般的回话：

咱们公司的企业文化和背景都写在公司网站上了，如果你需要填写表格，就自己查一下吧。

### 高情商回话：

我记得咱们公司的网站上就有，还是说你想知道更具体的？是做什么用呢？（了解对方的真实意图）你放心吧，咱们公司有实体，有产品，有合作商，有甲方客户，有这么多员工，不是那些皮包公司。小×，我告诉你，你可以去查查鉴别皮包公司的方法，咱们公司绝对不是。

新人询问公司文化和背景，如果是正规用途，可以询问人事部、行政部，但如果问到他认可的前辈，大概率是担心自己被骗。先用最常规的回答，然后具体询问对方的用意，针对他的用意再去回复。不要小看新人的担忧和顾虑，这是带领新人的老人最该做的事情。

# 新人询问公司奖励制度

新人看到项目组的成员都在很努力地工作，就来问你公司的奖励制度，希望能算出自己的所得。面对这样的询问，你该如何回答呢？

**一般的回话：**

咱们公司有自己的奖励制度，到时候我发给你一份。

**高情商回话：**

哈哈哈，是不是被同组成员的努力精神震惊了？说实话，咱们公司的奖励制度很透明，有具体的文件。来，我发给你一份。你先自己看一下，如果有不懂的地方再来问我。

可以用轻松的口吻来回答。奖励制度是公开透明的，获得奖励是员工的基本权利，如果采用过于正式、严肃的口吻，好像对方犯错了一样，只会让对方觉得奖励制度是虚设的，不利于团结。

# 新人问你客户的喜好和联系方式

有些公司有自己的固定客户，这些客户由专人进行对接。新人进入小组后，得知公司有固定客户，便向你询问客户的喜好和联系方式。面对这种明显越界的行为，你该如何回答呢？

**一般的回话：**

现在这些客户有专人对接，不需要你操心。

**高情商回话：**

小×，你追求进步是好事，但这件事情是咱们公司×××专门负责的。×××能负责这些客户，是因为他在公司是元老级别的员工，而且这些客户就认准他了。如果你也想谈客户没关系，我可以告诉你一些其他备选客户的名单，你可以去尝试。但这是你主动要求的，还是得先保证完成小组交给你的任务之后，再去拓展客户。

公司客户一般分为固定客户（优质客户）和备选客户（有潜力客户），通过话术让对方明白，固定客户不是他能负责的，备选客户他可以去尝试。但同时要提醒他，应该在工作已经完成后，再去拓展。如果只说明前一种情况，他会认为你不愿意他进步，得不偿失。

# 新人问你能不能和客户私下联系

新人的想法有时候会比较天真，会认为只要把私人交情处理好了，就能和客户绑定合作关系。于是他问你，能不能私下和客户联系。你该如何回答呢？

### 一般的回话：

你可以去试一试，但是我不建议你用这种方式去处理和客户之间的关系。

### 高情商回话：

年轻人的思想就是活络啊……私下联系并没有被明确禁止，但是作为过来人，我需要跟你强调的是，很多年轻人无法真正掌握分寸，最后私人关系没有处理好，工作关系也没有处理好，反而得不偿失。

这属于行业规矩，有些事情没有明确禁止，但实际上绝对不鼓励。作为老人，如果只是简单回答可不可以，新人很难真正领会，甚至有可能给整个公司带来很大损失，那样的话，作为负责带新人的你只会被连累，所以在回答的时候务必讲明利害关系。

## 新人问你怎么和客户维护关系

很多新人不能够熟练掌握维护客户的关键要素，弄得客户别扭，他也觉得不安心。如果新人跑来问你，该怎么和客户维护关系，你该怎么替他答疑解惑呢？

**一般的回话：**

用心维护啊。你想要拉近和对方的关系就得用心点儿，该花钱就花钱，该送礼就送礼，公司又不是不给报销，别总是抠抠搜搜的。

**高情商回话：**

小×，你先别着急。假如你是那位客户，你最在意什么？是这个人对待你的方式，还是他能给你带来什么利益？要知道，职场人的世界说难也难，说简单也简单，只有"利益"二字。他希望你能解决他的问题，然后提出合理报价，如果你够懂事，可以给他送一些礼品和返点。我说了这么多，你理解了吗？

的确，维护客户需要花钱送礼，但这并不是根本。作为带新人的你，如果真心实意希望这个新人能够快速入门，可以开诚布公地给他讲明白，客户在乎什么、他能做什么、应该做什么，如果对方领悟力够高，这些就足够了。

# 新人询问转正的时间

新人入职一两个月之后，会非常急切地想要知道自己能否继续留在公司、何时能转正。于是，他找到你这位师傅，询问转正时间。你该如何安抚他呢？

### 一般的回话：

试用期不是三个月吗？还没到呢，你别着急，到了人事部自然会通知你的。

### 高情商回话：

别着急，我记得你的试用期当时谈的是三个月，现在才两个月的时间。一般来说，我们会在转正前一周，由负责带新人的老员工填写试用报告，递交给人事部。大概是在入职前几天会正式通知员工转正的相关事宜。不过说实话，你大概率是没什么问题的，安心工作吧。

通过一段时间的相处，你应该非常清楚这个新人的人品和能力，对方能否留任，你心里应该也有数。作为老人，你完全可以采用缓和的口吻安抚对方，肯定对方的能力，让他安心工作。如果人事部已经明确他不能留任，你也可以通过暗示的方式让他另寻机会。

## 新人询问转正后待遇是否会变好

试用期和转正后的待遇一般都会存在些许的差异，但这些应该都是在面试时谈妥的，唯一的差距有可能在于提成比例上。新人过来询问你转正后的待遇问题，你该如何回复呢？

**一般的回话：**

你没和人事部的主管谈妥吗？这个方面我真的帮不了你，你去问问人事部的主管吧！

**高情商回话：**

转正后的待遇，按理说是在面试的时候就谈妥了的，人事部的主管跟你说过吧……你放心，我们公司的奖励制度和工资制度都是明确可查的，你直接登录公司系统就能看到公布的文件。只要确定转正了，下个月的薪资待遇就是按照正式员工标准发放的。

任何一家正规的公司都是明确了薪酬制度的，提成也会有相应的比例。很多新人的确会问出一些看似比较傻的问题，但作为老人，切勿用高姿态去回答问题，也不用怕惹麻烦就推三阻四。这些基础问题按照规定去回答，不会出错，还能让新人对你更信服。

# 新人转正不成功，向你询问缘由

有新人能转正，就有新人无法转正而被劝退。你带领的新人在试用期内犯了错误，但对方认为只是小错误，所以跑来向你询问无法转正的缘由。你该如何回复他呢？

**一般的回话：**

这个事情，你心里没数吗？当时你犯了错误，那个错误可不小啊，害得整组人加班加点返工一周。你自己好好反思一下吧！

**高情商回话：**

小×，这个月初，因为你的失误，直接导致报表出现错误，整个小组五个成员加班处理这些问题……虽然公司没有让你赔偿，但你算算，五名员工的加班费要多少钱？很多人都会犯错误，但都会有意识。你的表现让我们看不出你通过这个错误能够吸取什么教训。所以，领导经过多方考虑，还是决定不给你转正了。

很多员工没有通过试用期，有的公司为了体面并不会说明缘由，但如果对方过来询问，可以开诚布公地告诉对方，这件事情你做错了，所以不能转正。在态度上，没有必要直接指责，也没有必要太过咄咄逼人，反而用长者的循循善诱更加妥帖。

## 新人准备另寻工作，问你能不能做推荐人

你负责带领的新人刚刚能够做到独当一面，但他因为各种原因选择离开这家公司，另谋高就。在离开前，他突然找到你，问你能不能帮他向新公司做推荐人。面对这种难题，你该怎么回复呢？

**一般的回话：**

推荐人？是要向你的新单位证明你在老单位的工作能力和状态的那种吗？不太合适吧，我觉得如果我出面被领导知道了，可能会给我造成不好的影响。

**高情商回话：**

是书面推荐还是电话推荐呢？需要实名吗？如果只是接一下你新单位人事部主管的电话，我可以如实说一下你的表现，但如果落实到书面，我觉得有点儿困难。毕竟你刚刚干出点儿成绩就要离职，领导也觉得特别可惜，虽然不能强留你，但如果知道我给你做推荐人，或许会对我造成不良的影响。你也体谅一下我吧……

有些事情可以妥协，有些事情不能留下证据。这件事能不能做，主要还是取决于领导对离职员工的态度。但要向新人说明白，从情感上你很乐意帮忙，但现实中，你有自己的顾虑，请他体谅。

第七章

# 甲方乙方，
# 坚守自己的底线

## 作为甲方，乙方询问你的诉求是什么

在我们去咨询某项服务的时候，乙方的第一句话往往就是"您的主要诉求是什么"，你该如何在第一次沟通的时候，就向对方明确自己的需求，但也能留下可商量的余地呢？

**一般的回话：**

我们现在需要一批×××，时间上尽量要往前赶，价格上您这边能给出的最低价格是多少？……大概就是这些问题吧！

**高情商回话：**

我们公司是本市规模较大的一家××公司，目前需要一批××，这个单子你们能接吗？我们的要货量大约是在两千套以上，确保时间周期和质量，物美价廉。你看看你们能不能接下来。

首先强调公司规模，让对方明确知道你们是一家成熟的、有很多经验的公司，让对方在质量上不敢以次充好，在价格上不敢虚抬价格。然后询问对方能不能接下来，用一种上位者（甲方）的姿态压下来，让对方接招。

# 作为甲方，对方询问你的心理价位是多少

交谈过后，对方认为在数量上能够及时供应，于是开始洽谈价格。他问你的心理价位是多少，你该怎么回复呢？

**一般的回话：**

我的心理价位是多少重要吗？我说多少你又不可能同意，直接告诉我一个最低价格吧！

**高情商回话：**

我们公司已经从事这一行十多年了，价格这一块儿我们也非常清楚行情。这一次是因为要货量太大，一直合作的供应商短时间内凑不出这么多的货，所以才找到你们问价的。我的心理价位当然是越低越好，但你们也得赚钱，不可能按照长期合作的供应商那种报价方式。所以，还是你们开价吧！

首先告知对方自己很清楚价格规律，其次告诉对方自己有长期合作商，通过这套组合拳打掉对方的心理优势，让对方明白他们不是唯一的选择。然后把报价的主动权交给对方，自己再拆招还价。

## 作为甲方，对方和你说报价已经是最低的了

一番讨价还价的心理攻势之后，对方反复强调，现在的报价已经是最低的了，让你也替他们考虑考虑。你该怎么回答呢？

**一般的回话：**

这怎么可能是最低价格呢？你们要是没诚意的话，我们就别聊了。

或者：你再便宜点儿吧。

**高情商回话：**

我们公司和多家供应商都有联系，对于货品的价格非常熟悉。如果你说这个价格就是最低价格了，我只能理解为你们根本就没有合作的诚意。你是再给我申请一下更低的价格，还是我去其他供应商那里聊聊看……

公司之间的供销关系，甲方不能真的高高在上，尤其是不能表现出对对方的鄙视，也不能像是买东西那样讨价还价，而是要用话术给对方施压。

# 作为甲方，对方希望你增加部分费用

原本都已经洽谈得差不多了，但对方突然找你，说成本上涨，希望增加一些费用，问你能否同意。你该如何巧妙应对呢？

### 一般的回话：

你们公司究竟怎么回事，都已经谈妥了，还能在最后时刻临时涨价？有没有诚信啊？算了吧，我们找其他公司去了。

### 高情商回话：

你是在开玩笑吗？这个玩笑可不好笑啊！咱们整个洽谈的过程前后也只有几天的时间，你们的货品用的是什么材料，在这么短的时间里还能涨价？我对你们临时涨价的行为非常不解，是你们领导的决定吗？如果你确定是你们领导的决定，那我们的交流可以到此结束了。

甲、乙双方的博弈多半是你来我往，有来有回，甚至有的公司就是吃准了甲方不愿意浪费时间成本，才在最后关头要求涨价。在这种情况下，坚决不能退让，但也不能直接撕破脸，而是要给对方留余地（是不是领导的决定）。如果对方还有缓和，过上几个小时，对方就会用员工会错意，仍然按照原先谈好的价格供货。

# 作为甲方，对方询问你是否确定用这套方案

甲、乙双方除了提供具体的货品外，还有一些项目是提供一些服务，比如设计、撰写文案等。乙方提交了一份文案初稿，并且在很短的时间里就多次询问你，是否确定用这套方案。你该如何回答呢？

**一般的回话：**

我都还没交给领导看呢，哪有这么快就能做决定的？你再等等吧！

**高情商回话：**

我个人已经看过了，也想到了一些小的修改的地方，但我说了不算，需要提交给领导进行小组讨论，待确定之后我再给您明确答复。到时候还要麻烦您帮忙调整。

在初期试稿的阶段里，不需要用高姿态，因为甲方购买的是服务，所以对待乙方的态度要适度。要向对方解释清楚公司的流程是什么、真正的拍板人是谁，然后请对方再等等。

# 作为甲方，对方总是问你对方案还有哪里不满意

乙方向甲方提供了几个方案之后，你都觉得不满意，他问你还有哪里不满意，你应该如何回应呢？

**一般的回话：**

不是我挑剔，你这几个方案真的不符合我们的要求啊！具体是哪里不满意，我也说不清，你还是看看我最开始发给你的要求吧……

**高情商回话：**

×总，我知道您来来回回弄了好几个方案，但这几个方案还是比较雷同，并不符合我的要求。您可以看看我最开始发给您的要求。辛苦您了。

乙方经过多次调整方案，本身就会产生烦躁的情绪。如果在对方询问的时候，你用不耐烦的语气说着没有重点的话，只会增加对方的烦躁，对项目本身没有任何帮助。肯定对方的辛苦，但"方案的确达不到要求"，再加上"辛苦了"之类的话语，可以让对方更快地冷静下来。

## 作为甲方，乙方询问你最晚什么时候完成

在项目进行中，甲方强调了时间限制，但乙方认为时间太赶，便问你最晚什么时候完成。面对这种问询，你该如何回答呢？

**一般的回话：**
我们这个项目特别着急，你越快越好。

**高情商回话：**
我们项目的整体运作时间是半个月，但我只能给您十天的时间。十天的时间，您需要随时和我沟通方案的进展和方向，第十天，交给我大体已经确认过的方案。后面的五天必须留给我，以防止来回调整。我们只能提前不能错后，请您配合我们。

不能仅仅强调时间紧、任务重，必须明确时间规划，这样才能让乙方在心理上做好准备，而不是拖到最后一天，交上来的东西几乎不能用，但你已经没有任何时间调整了。

# 作为甲方，乙方询问后续是否能够加强合作

好不容易完成了项目合作后，你为此心力交瘁。乙方确定全部完成后，按照惯例询问你，今后能否继续加强合作，最好能达成长期合作。你该如何回复他呢？

**一般的回话：**

咱们的合作虽然中间有些小坎坷，但我觉得还是有希望的，以后有活儿我会想着您的。

**高情商回话：**

×老师，这一次合作让我看到了您真正的实力和专业素养。我会和领导沟通，如果能确定，后续这种合作机会非常多，我会制定一个长期合作的方案，也请您考虑一下，如果长期合作，您这边的报价能够优惠多少。到时候我们可以再进一步商讨。

作为甲方，对方提出要达成长期合作，不能敷衍回复，这是谈价格的最佳时期。长期合作的价格和偶尔一次合作的价格肯定不一样，这时候让对方思考长期合作的价位，利用领导延缓一些时间，有助于后面的压价谈判。

## 作为甲方，乙方询问这次的合作你是否满意

在合作结束之后，乙方一般会有后期回访，询问甲方对这次的合作是否满意，你应该如何回复呢？

**一般的回话：**

挺好的，整体来说合作很愉快。

或者：一般吧，你们那边总是不能正确理解我方的意思，我觉得沟通不是很顺畅……

**高情商回话：**

如果满分是十分，只能给八分。整体来说，服务本身没有任何问题，非常专业。丢失的两分是因为沟通问题，你们负责前期沟通的员工不太能正确理解甲方的意图，传递的时候曲解甲方的意思。这让我们在前期沟通时浪费了很多时间。

如果是只合作一次，其实怎么回复都没有关系。但如果你想和对方有第二次合作机会，完全可以利用回访调查让对方知道在哪个环节有问题，下次再合作的时候，可以用这个理由压价，也可以直接排除这次存在沟通问题的员工。

# 作为甲方，乙方询问费用什么时候支付

项目结束之后，甲方需要向乙方支付报酬，虽然这些已经写入合同，但乙方还是总来问"什么时候能支付费用"，你该如何回复呢？

### 一般的回话：

我们的合同上不是写了吗？你放心吧，我们这边也要走付款流程的。

### 高情商回话：

×总，您放心吧，我们一定会按照合同上的时间及时支付酬劳。我们公司需要走一个付款流程，需要各部门领导的审批，这需要一些时间，请您耐心等待。

甲方占据优势，但不代表可以高高在上，尤其是在项目已经结束的时候。付清款项是项目的结尾，也是乙方最关注的问题。所以，给出明确回答、解释原因，才能让乙方真正安心。

## 作为乙方，对方询问这个报价是怎么来的

甲方在询价的时候，乙方除了要报上去一个总价之外，甲方更想要知道你们的报价是怎么来的。面对这种疑惑，你该如何回复呢？

**一般的回话：**

我们的报价都是根据各个环节的收费标准计算出来的，不是胡乱报价的。

**高情商回话：**

这项服务所包含的环节有五项，分别是……其中，×× 环节是四万元，×× 环节是八千元，×× 环节是五千元，×× 环节和 ×× 环节都是三千元，总计是五万九千元……您放心，我们的收费标准其实是非常透明的，您选择了低档服务，自然就是按照低档的收费标准给您计算的。

对方询问报价是怎么来的，是想要知道共有几个环节、每个环节各多少钱、总计多少钱，我们要一一交代清楚，然后表明我们的收费标准很透明，不会随便报价，以此来体现专业性。

# 作为乙方，对方询问是否还有更好的选择

对方过来咨询服务，你向他介绍了很多备选项，但对方都不太满意，问你是否还有更好的选择。这种情况，你该如何接招呢？

**一般的回话：**

您要求的心理价位只能是这一档服务啊，要不您再看看……

**高情商回话：**

×老师，我们这边有很多档位的选择，每个档位都对标了不同的服务内容，如果您想要更多、更好的服务，要不要考虑其他档位呢？

更好的选择自然对标更高的价位，要先强调满足对方的选择，而不是强调对方的心理价位。既然对方已经选择优先服务，那就先强调这一点，再补充介绍相对应的较高的价格。问询过程需要技巧，不要自己先设定范围。

## 作为乙方，对方询问你能否再提供另一套方案

"这套方案我觉得不行，你们能不能再提供另一套方案？"你把方案发过去之后，对方这样问，你该如何回话？

**一般的回话：**

咱们最开始的时候就说了一套备选方案啊……

**高情商回话：**

× 老师，您对这套方案有什么异议吗？在合同里，乙方只需要提供一套方案，并且这套方案是在甲方的全程参与下共同制作完成的。如果您现在要求提供另一套全新的方案，就需要修改合同，一是修改合同内容，二是修改合同金额。

提供另一套方案，相当于是重新开始工作，如果确定不符合合同本身，需要明确指出需要变更合同，从条款内容到款项金额。以避免最终陷入合同纠纷。

# 作为乙方，对方问你有没有理解他的意思

乙方最怕听到的一句话是"再改改吧，你根本没理解我的意思"，如果对方这样对你说，你该如何回话呢？

### 一般的回话：

那您到底是什么意思啊？您得说明白啊……

### 高情商回话：

×老师，最初您说整套方案需要走高端大气上档次的路线，我调取了贵方近几年的优质项目，在您的指导下完成或总结、制作。您现在要求换掉这些项目，想用更好的案例，这些没问题，请您向我提供，如果您不确认，就请您那边的领导确认一下。您看这样可以吗？

对方说话含糊不清，大概是他也不知道领导想要什么，只能一点点地尝试。但这样一来，乙方的工作量无限增大，你需要从源头上制止这种事情，让他提供确定的资料，而不是通过修改去测试甲方领导的意思。

# 作为乙方，对方质疑你的能力

对于甲方而言，很多时候希望花小钱办大事，所以在提出要求时就会比较苛刻。如果你不能达成，对方会质疑你的能力。面对这种情况，你该如何做呢？

**一般的回话：**

我的能力您在合作之前不都已经了解过的吗？项目都开始进行了，为什么会突然质疑我的能力呢？

**高情商回话：**

洽谈初期，我就向您展示过我的既往作品，我相信，没有任何东西能够比它更具代表性了。如果您对提供的方案小样不满意，我们可以继续讨论和修改，但我的能力不会因为您的几句话就发生改变的。

甲方贸然质疑乙方的能力，本身就是一种非常无礼的行为。甲方和乙方并不是上下级关系，甲方也无权肯定或否认乙方的能力，双方的合作应该在平等的条件下进行。面对这种情况，要让对方明白，他无权质疑，请就事论事。

# 作为乙方，对方质疑你的态度

甲方总是觉得乙方对他们的态度不够恭敬，质疑你的工作态度。面对这种情况，你该如何化解呢？

### 一般的回话：

我的态度挺好的啊，您让我修改我就修改……

### 高情商回话：

是我说的哪句话让您误解了吗？如果有，那我先说一句抱歉。但我必须澄清的是，我们之间的合作是基于这个项目本身，我需要负责的也是这个项目的框架设计方案，按时完成，满足您提出的各项要求，并确保数据正确。我目前所做的一切，都符合合同要求，并没有消极怠工、耽误时间。

对方很容易将工作态度归结于某一句话说得不客气，或者没有及时回复让他觉得被怠慢了。但实际上，甲、乙双方本身只涉及某个项目，只要项目本身没有出现问题，就不算工作态度有问题。你完全可以直接点出，让对方打消借题发挥的想法。

# 作为乙方，对方朝令夕改

在方案修改的过程中，甲方总是上午说要改成这样的，下午要改成那样的，第二天又改成另一种样子的……无休无止。面对这种情况，你该如何应对呢？

**一般的回话：**

您这边到底有没有准确的想法啊，每天都改来改去的……

**高情商回话：**

× 老师，咱们是不是调整一下修改的思路？我知道您也是需要向领导汇报的，不如您直接问清楚领导的具体修改意见，落实之后咱们再修改，要不这一天三改的，我这边的文件很容易出错，项目也没法正常推进。

甲方的修改意见琐碎和反复，大概率是甲方的领导下达的指示，乙方可以直接提醒他，并且告知文件容易出错的风险，而不是被动地全盘接受。

# 作为乙方，对方不断催问你什么时候能完成

签订完合同后，对方就开始催促你工作，几乎每天都要问一遍"什么时候完成"。面对这样的甲方，你该怎么回答呢？

**一般的回话：**

我这边尽快吧，现在已经到 ×× 阶段了……

**高情商回话：**

合同上咱们写明了是十个工作日交付，而且每天我们都在讨论，不断在修改细节。我只能说尽最大的可能提前完成，但保底的还是十个工作日。

催进度是甲方的通病，乙方没有必要特别顺从，按照合同时间完成即可。如果双方是长时间合作关系，或者和甲方负责人私交甚密，可以加班加点，但这取决于乙方的意愿。

## 作为乙方，整个项目完成后，对方问你后续保证

项目完成后，除了结款之外，还有一个问题，就是后续服务（保密协议、产权归属等），对方问你后续能否保证这些不出问题。你该如何作答呢？

**一般的回话：**
您就放心吧，这些都没问题。

**高情商回话：**
×总，咱们的合作是基于法律、行规等内容框架进行的，需要我务必遵守的部分都已经写入合同了，您还有什么不放心的呢？如果是超过了合同本身，我相信也就超越了法律和行规的范畴了。

在签订合同的时候，很多规定就已经落实了，你只需要承诺会保证合同范围内的后续服务，不能所有后续服务都保证，避免有些甲方利用合同漏洞，要求你承担不该承担的责任。

第八章

谈判桌前，
讨价还价有技巧

# 谈判刚开始，对方先来个下马威

谈判刚刚开始，很多公司会选择在这种时刻给对方下马威，从而拿到谈判的主动权。比如，原本约好在今天下午一点钟进行的谈判，到中午十二点，对方要求推迟一个小时，你同意了，但到了两点钟时，对方的关键人物仍然未到场。对方一名代表问你可不可以再等一等。你该如何回话呢？

**一般的回话：**

行，来都来了，就再等等吧！

**高情商回话：**

×代表，我想问一下，他是不是这个项目的贵方代表？贵方派出这样一个没有时间观念的人做负责人，我方深表遗憾。贵公司的行事风格就是这样的吗？如果后续真的准备合作，贵方也是这样今天推明天，明天推后天吗？

用推迟约定时间作为下马威是最常见的谈判方式之一，在漫长的等待中，很多处于劣势的公司只会站在更不利的位置，原本占有优势的公司也常常因此丧失主动权。在这种时候，需要直接点明要害，陪同的代表之一能否胜任，如果不能，就是对方的失职。通过这种质疑的态度，你可以重新夺回主动权。

# 谈判刚开始时，对方突然问"你了解我们公司吗"

谈判双方坐定之后，对方并不着急谈判细则，而是反问你是否了解他们公司。面对这种问题，你该如何作答呢？

### 一般的回话：

我了解过的。贵公司是本市著名的 ×× 领域的领头羊……（开始念百度百科）。

### 高情商回话：

× 总，瞧您说的，贵公司我还能不了解吗？远了不说，去年贵公司和 × 公司达成了合作，× 公司是我方最大的竞争对手，听闻那次合作你们并不是很顺畅，中间出了很多问题。要不我们怎么能有机会在今年和您合作呢？

照着念百度百科或者他们公司网站谈对对方的了解都是最下策，先不说那些资料里有多少水分，更重要的是，那些都是对对方有利的材料。在谈判前，更应该掌握的是对对方不利的材料，尤其是和竞争对手合作的基本情况。这样一来，你就掌握了谈判的主动权。

## 谈判一切都很顺利，对方突然提出要增加服务项目

在双方合作的初始阶段，就会确定各自承担的部分，甚至所有的谈判过程都是基于最初的工作分配。如果都谈得差不多了，对方突然提出要增加服务项目，相当于让你们多投入人力成本。面对这种情况，你该如何解决呢？

**一般的回话：**

啊？这个得重新计算费用问题了啊，我们最开始没有谈过这些啊……

**高情商回话：**

×总，这是好事啊，您增加服务项目，我们增加收费项目。您看，咱们最初的谈判细则都是基于分工协作，费用也是按照这个比例进行划分的。现在您突然提出，我们需要重新计算一下成本投入，那最终的利润分配比例也会有所变化。还有一种解决方式，就是您直接支付服务项目的费用，那已经谈成的合作细节可以不用改变。

对方提出这种要求，目的是让你们增加投入，但是不愿意少获得利润分配，这是非常有心机的做法。很多公司为了沉没成本，最终选择忍气吞声。实际上，并不是没有其他方法解决，也不一定要忍气吞声，可以采取其他方式解决。

# 当对方询问这是否就是最终利润额度了

在谈判前，双方都会有各自的数据推演和利润预算。对方问你"这是否就是最终的利润额度了"，你该如何回话呢？

### 一般的回话：

这只是我们前期的推演，是按照最低投入比计算的。如果我们的投入额度不变，这基本上就是最终的利润额度了；如果我们加大投入，那利润额度也会有变化。

### 高情商回话：

这份利润预算是我们两家公司共同进行的推演，按照最低投入比，以我们两家的实力，我相信这份预算虽然会和现实有所出入，但差距不大。当然，如果双方都认可项目，也可以加大投入，那时候利润额度也会有所提升。

首先要强调的是，这份利润预算是经过双方的共同推演，不是任何一方单独进行的；其次强调的是按照最低投入比，然后"画大饼"。在这个过程中，不需要特别肯定某一件事，要留出转圜余地。

## 对方总在挑毛病，却不进入洽谈环节

在谈判前期筹备阶段，对方总是在各种细节上挑毛病，却迟迟不愿意进入洽谈环节。即便是你们多次催促，他们也不予理睬。面对这种局面，你该如何破局呢？

**一般的回话：**

×总，您说的这些都是后期的细节问题，我们还是先敲定大致的框架，再慢慢细化吧！

**高情商回话：**

×总，您真是一个细心的人，是处女座吗？哈哈哈，开个玩笑。我认为，咱们这个项目最大的特点就是具有时效性，如果不抓紧时间达成框架协议，后续的所有东西都要推翻重做，再严重一点，若是整个项目错过了窗口期，那可是咱们两家公司的损失啊……当然，如果您真的没有做好准备，我们也可以找其他公司……

对方的行为不管意欲何为，开始可以稍微开个小玩笑，然后开始阐述项目的重要性和时效性，强调错过时机带来的损失，催促对方尽快进入洽谈环节。如果对方迟迟不肯接招，就要做好另寻合作伙伴的准备，借此向对方施压。

# 对方说"我们获得的利润额度并不高"

谈判前，双方公司都会制定自己公司的成本表格，里面会有比较具体的成本投入、人力投入和大致利润额度。如果对方说"这次合作，我们获得的利润额度并不高"，你要怎么回话呢？

### 一般的回话：

这个利润额度只是非常基础的，后面的利润额度都没有算进去，如果做得好……

### 高情商回话：

首先，这份成本表格只是按照最基础的额度计算的，但我们双方在后期会加大投入，相信销售量不会仅限于这个数字，如果进展顺利，利润额度甚至可能翻倍。

打消对方的疑虑，需要通过大量的数据和事实支撑，就算是"画大饼"，也要有数据支撑，对方才能相信。在讲述的时候，需要强调基础额度和突破额度，尤其是双方大量投入之后，后续的利润额度大体能提升多少。

# 对方突然反问"谈判条件"

谈判时，对方突然反问你"如果你看到这种条件会同意吗"，似乎这种谈判条件是对他们公司的侮辱。面对这种局面，你要怎么处理呢？

**一般的回话：**

这个条件已经非常好了，您还有什么不满意的呢？

或者：您先冷静，有什么事情我们可以谈啊……

**高情商回话：**

×总，谈判条件并不是我们随意制定的，是根据项目本身、既往经验确定的。在去年，我们公司类似的合作进行过两项，贵方类似的合作进行了三项，并且在公司网站上写明了通过这三项合作，年度利润达到了多少。按照这份报表，我们提出的条件已经是非常优越的了。

关于项目条件，是经过几轮你来我往的拉扯才能最终确定的，不是以某一方的想法为主。当对方质疑谈判条件时，你要据理力争，并且表明自己是经过了大量调研才得出的结论。

# 对方突然发脾气，质问你们公司有没有诚意

谈判时，有人会采用"突然发火"的策略占据谈判的主动权，甚至这种突然发火都不需要任何理由，直接质问"你们公司有没有诚意"是最常见的借口。面对这种局面，你要怎么处理呢？

### 一般的回话：

×总，我们公司对于这次合作是非常有诚意的，为了这个项目，我们公司投入了两个项目组……

### 高情商回话：

×总，诚意不是说出来的，而是要实实在在体现在项目书里的。如果我们这份项目书还不能让您看到诚意，我不知道您所谓的诚意指的是什么。话又说回来了，贵方的诚意呢？

谈判双方不是上下级关系，各自代表的也都是各自公司的利益，最忌讳直接示弱，这样只会被对方直接拿捏，认为提出什么过分的要求都能被满足。遇到这种情况时，需要保持冷静，坚持自己的立场，不被对方的情绪所左右。

## 你接替同事的工作去谈判，对方询问怎么换人了

公司的人事变动很有可能会直接影响谈判的进程和结果。如果你是临时接替×××的工作，代替他去做谈判。为此，你做了很多充足的准备，但对方看到你之后，上来就问"怎么换人了"，面对这种质疑，你该如何化解呢？

**一般的回话：**

×总，是这样的，×××这段时间家里有事，请了长假，为了不耽误咱们的进程，领导就让我临时接替他的工作。我和×××一样，您有什么事情都可以和我直说。

**高情商回话：**

×××吗？他家里出了点儿事情。为了不耽误这个项目，只好由我出面继续推进，毕竟这个项目我也是从筹备期就开始介入的，很多环节都很清楚。（突然变成小声嘀咕）谁让×××家里突然有事了，原本是想让他出来多实践一下的……×总，咱们继续谈吧！

谈判进行到一半换人，的确很不恰当。对方看到新人接手，很容易采取直接压制，让整个谈判局面变成一边倒的情况。接手的员工不能展现出一点弱势，甚至需要虚张声势，假装自己是上一个员工的上级，借此来表明自己是专业的、懂行的。

# 对方采取拖延战术，总是说要等领导拍板

谈判讲究策略，占据优势地位的一方总是会显得高高在上，并通过拖延战术向对方表达自己不着急。等对方耐不住了便会放弃一些原则。如果对方总是以"我得等领导拍板"为借口，你该如何化解呢？

### 一般的回话：

可是时间不等人啊，您一直这么拖着，让整个谈判都无法进行下去……

### 高情商回话：

×总，我们当然知道原则性问题是由领导决定的，但如果您连这种细节问题都不能拍板，不如下次我们直接约×总过来谈吧！按理说，这种传话的环节应该在前期沟通中就基本完成了，我不知道为什么贵方要让您出席，既然您做不了主，就找能做主的人来谈吧！

一定要强调，对方不是决策人，就不能上谈判桌。要让对方知道，你是一名成熟的职场人，对待谈判也非常有经验，这种拖延战术在你这里不起作用。如果对方不能做决定，就让他们换人，用这种方式重新掌握谈判的主动权。

## 对方询问如果项目最终亏损或失败怎么办

谈判代表除了对合作环节非常在意之外，也会对合作结果特别在意。如果对方询问项目最终亏损或失败了该怎么办，这时候你应该如何应对呢？

**一般的回话：**

我们的目标是努力创造利润，在开始的时候就不应该有这么丧气的想法。

或者：亏损不是我们希望的结果，所以要极力避免啊！

**高情商回话：**

×总，如果项目最终亏损，就意味着我们前期的投入都打了水漂。毕竟我们双方在投入上都是一样的，各自承担各自的成本，所以如果真的想要项目成功，还需要双方毫无芥蒂地投入，有问题一起想办法。

任何生意都不可能只赚钱不赔钱。对方提出这种问题，是想让你做出兜底保证。此时，一定要强调双方合作不存在谁高谁低，都是各自承担责任。如果出了问题，也是双方一起想办法，不可能有一方独善其身。

# 你正在讲述，对方突然提出可不可以休息一会儿

谈判讲究策略和节奏，正当你滔滔不绝地讲述自己公司的优势时，对方突然打断你，问可不可以先休息一会儿。面对这种情况，你该如何巧妙应对呢？

### 一般的回话：

啊？您是有急事吗？

或者：我就快说完了，能不能再等一等？

### 高情商回话：

×总，我这正说到关键之处，您能不能先听完？耽误不了多长时间，正好等我说完之后，就是双方思考和商量的时间，到时候您累了就去休息，我们和贵方的其他代表谈。

打断别人说话是很无礼的行为，对方这么做，无疑是想打断你的谈判节奏，想让自己站在较有优势的位置。任何一点想要退让的想法都会让自己处于劣势，从而影响谈判结果。你可以点出对方如果想休息可以自己去休息，换个人来谈判，通过这种方式让对方知道，你知道他打的是什么主意。

## 对方突然问"如果出现问题，责任怎么划分"

谈判进行到如何进行合作的时候，对方突然问，如果出了问题，该怎么划分双方的责任。面对这种问题，你该如何回答？

**一般的回话：**

咱们现在在探讨如何进行合作，我觉得谈责任划分为时过早吧……

或者：合作的目的是我们两家公司达到双赢，利润既然是双赢，那责任也应该是均摊吧……

**高情商回话：**

我们两家公司都是非常成熟的，利润共享，责任自然也要共同承担。只不过在问责的时候，要考虑是哪一方出现的问题。我方提供可执行的方案，如果是方案出现了问题，自然是由我们来想解决方法，承担解决方法的额外开销。贵方是负责执行，如果是在执行阶段出现问题，自然是由贵方承担所有责任及额外开销。

双方谈判虽然是在考验各自的心理承受能力和谈判手段，但基础的东西不能含糊，需要非常明确地强调；而且因为合作双方在执行时各有分工，在承担责任的时候也必须明确。

# 合作的项目出现问题，对方质疑你们公司

双方合作后出现问题，对方代表在谈判桌上很不客气，直接质疑是你们公司能力不够导致问题的出现。面对这样的质疑，你该如何化解呢？

### 一般的回话：

怎么能都算在我们公司身上呢？咱们是共同合作，出了问题谁都不可能独善其身！我觉得我们必须正视这个问题！

### 高情商回话：

×哥，怎么突然说这种话呢？两家公司合作，出了问题肯定是两家公司都需要面对的，我们首要的是解决问题，谁都不可能独善其身。如果您是来问责的，那我请问，您是准备直接暂停这个项目，先划分责任吗？那耽误的进度，您打算怎么处理呢？

在谈判桌上，该强调的事情要强调，面对合作公司，要记住，你们在做项目的时候就是一个整体，无法拆分出谁对谁错。出了问题要先解决问题，但对方摆出一副质疑和追责的态度，你就需要强硬起来，尤其是要强调如果追责就得暂停项目，由此引发的后果需要对方来承担。

## 共同合作的项目成功，但利润不如预期

双方代表在工作一段时间后，彼此都有了基本的了解和信任。然而，这个项目结束后，利润达不到预期。这时，对方公司的代表询问你，还有没有下一次合作的机会。你该如何应对呢？

### 一般的回话：

肯定有啊，您放心，虽然这次不算特别成功，但不影响我们之后的合作。

### 高情商回话：

从私心上说，这次咱们的合作很愉快，但您也知道，这次的合作没能达到预期目标，我还得想办法怎么向领导解释。我估计您也得去向您的领导汇报吧！如果真有下一次合作的机会，咱们就得吸取这次的经验教训，让大领导满意。

不能直接说有，也不能直接说没有。毕竟利润没有预期高，说明中间遇到了问题，如果不解决这些问题，很难开展下一次合作。但是在回答的时候，不能说是自己不愿意再合作，而是要拿大领导做挡箭牌，留下转圜的余地。

# 第九章

## 应酬场所，
## 一切尽在不言中

## 在庆功宴上，领导向你敬酒表示祝贺

很多中大型企业在项目成功的时候都会举办庆功会，意在鼓励员工。在这个时候，领导端着酒杯敬你酒，并向你表示祝贺。对于领导的善意，你该如何回话呢？

**一般的回话：**

谢谢领导的肯定，这个项目能成功，我也特别高兴，我们会继续努力的。

**高情商回话：**

谢谢领导的肯定，也感谢领导给我这个机会。都是在您的带领下，我们才能克服重重难题。我们是项目里冲锋陷阵的战士，您就是在后方运筹帷幄的指挥官。项目成功后，我们充满了干劲，会继续努力。

该说场面话的时候一定不能因为不好意思而不开口，比如领导祝贺你，你就照单全收。你要表达对领导的感谢，不能沾沾自喜，也不能让领导觉得你准备邀功，这些在职场里都是非常危险的。

# 在团建前，行政人员过来向你询问是否愿意参加

很多人都不太在意行政人员，觉得前台小妹只是负责处理杂事的，所以和行政人员在沟通时不注意说话方式。如果行政人员正在为公司团建做调研，询问你是否愿意参加，你该如何回答呢？

### 一般的回话：

聪明点的：我最近的项目太忙了，天天加班都做不完，真的没时间考虑团建的事情。

不太灵光的：怎么又团建啊？耽误工作还占用放假时间，真不想去。

### 高情商回话：

公司团建？公司的事情我肯定会主动参加，但时间上我是真的不敢保证。我手上的项目必须在这个月底交给甲方，我们部门领导说了，吃饭、睡觉都得给这个项目让路。唉！……难啊！

不要觉得行政人员就不会传闲话，甚至有些行政人员会将所有员工的反应反馈给人事主管。在他们面前说话也要小心，既然是公司团建，先表明自己积极的态度，再阐述可能会因为时间问题不能配合。

# 团建时，领导问你是不是和合作方的××很熟悉

如果领导突然问你是不是和 ×× 公司的人很熟悉，而这家公司恰好和你们公司业务捆绑得很紧密，是长期合作伙伴关系。面对领导的询问，你又该如何回答呢？

**一般的回话：**

是啊，特别熟。我昨天还和他们公司的几个人吃饭了呢。

或者：还可以，都是工作上的事情，不过合作的次数多了，多少都有点儿交情。

**高情商回话：**

×× 公司是咱们的长期合作伙伴，我的确和他们公司里的好几个人都曾经共事过。为了维护客户关系，逢年过节我也会给他们送上祝福，咱们公司每年总结送礼名单，我也都把他们算进去了。他们收到祝福和礼物后也向我表示了感谢。怎么，您有什么事吗？

很多人存在一个误区，认为是合作公司，所以大张旗鼓地表达自己和对方关系好，在公司内部是加分项，实则不然。不管对方是合作公司还是竞争公司，都是其他公司。在回答领导时，重点还是要突出你们之间的关系都是为了工作，尤其是对合作公司的人，还可以强调自己是为了维护客户才与他们有交集的。

# 公司聚餐，领导单独询问你有没有忌口

在公司聚餐时，很多领导为了表达自己对员工的体恤和关心，会做出一些举动。比如，领导记得你似乎是过敏体质，便单独询问你有没有忌口。此时，你该如何回答呢？

**一般的回话：**

谢谢领导关心，我都可以，我尽量自己避免过敏的东西。

**高情商回话：**

领导，您真是细心，居然还记得我对某些食物过敏，太感谢了。没关系的，不用单独为了我做什么，大家出来聚餐就是为了尽兴。我会自己注意的，您也放心吧！

领导的单独询问，一方面是出于关心，另一方面也是为了在众人面前表现自己。所以你的反应不能太过平常，仿佛领导的关心并不重要。一定要突出领导还记得你会过敏这个细节，你特别感激。这就相当于你给领导捧了个场。

## 公司聚餐时，领导问你是不是和 ×××关系比较好

公司内部肯定会有小团体，谁和谁关系比较好，领导多少也会听到。在公司聚餐时，如果领导看似无意地问，你是不是和公司里的 ××× 关系好，你该如何应对呢？

**一般的回话：**

是挺好的，虽然我俩属于不同部门，但挺聊得来的。

或者：也没有特别好，就是普通的同事关系。

**高情商回话：**

我和 ××× 住得特别近，您说巧不巧？有次下大雨，我没带伞，正好碰上她，我俩是一起往回走的。原本说她送我上车，没想到同路，才发现我俩住在同一条街上。后来，下班时遇到了，我俩会一起走，所以其他同事总能看到我们一起下班。

尽量避免把同事之间关系好和不好说清楚。跟领导简单说明一下情况（两个人住得特别近、相互搭车省路费、有过共事的经历），这种和工作有关系的私交，既不会表现得过分亲密，也能解释为何看起来比较亲密。

# 公司聚餐时，领导问你是不是和 ×××有些隔阂

公司内部有关系好的同事，也会有矛盾很大的同事。如果领导问你，是不是和 ××× 有矛盾、有隔阂，你该如何回答呢？

### 一般的回话：

能有多大的矛盾啊，还不都是上次竞争项目的时候，他总是诽谤我用了见不得光的手段，那我还能给他好脸色吗？

或者：都是工作上的事，没什么。

### 高情商回话：

领导，要是说没矛盾那绝对是骗人的，您也不会信。说实话，我俩矛盾的源头就是上次竞争项目，他们小组没选上，后来这个项目被我签下来了。他就到处和别人说我是给对方让利才签下来的。领导，那个项目是您带着我做下来的，究竟什么情况您比较清楚。我也不想和他计较，但如果我还给他好脸色，他是不是会觉得我是做贼心虚，会变本加厉？

切记，你不能轻描淡写地说没矛盾。要知道，领导能问出口就说明他心里很清楚，所以这时候打马虎眼只会让领导觉得你心虚。不管是什么矛盾，都要引导到工作上去，一五一十地讲明白矛盾的源头，然后说明自己不是故意和他过不去，而是不能随便过得去。

## 总结会上，领导问你接下来的目标是什么

项目总结会是对一段时间工作的总结和展望，领导问你，接下来的目标是什么。此时，你该如何回答？

**一般的回话：**

老实的：我服从公司的安排。

灵活的：这个项目……我要在这个项目的基础上继续突破自我。

**高情商回话：**

首先，这次的项目给我带来新的启示……其次，我看过接下来的备选客户名单，我觉得×××和这个项目比较像，我也有信心啃下来……最后，如果有时间、有机会，我觉得B客户更具挑战性，如果领导相信我，愿意给我机会，我也愿意尝试。当然，最主要的还是要看领导的安排。

很多人的回答要么就是毫无主见的"服从安排"，要么就是沉浸在成功项目的喜悦中，还没有对新的工作进行规划。其实，在项目总结会上，领导要听的是你有无能力对未来进行规划、对整体有没有把控。总结只是引子，未来才是关键。

# 在公司年会上，领导点名让你单独表演节目

很多人对公司年会态度非常消极，被强行分摊到部门的节目、五音不全的歌曲、"辣眼睛"的舞蹈弄得心烦意乱，很难融入进去。在这种场合，如果领导点名让你单独表演节目，你该如何接招呢？

**一般的回话：**

老实的：领导，我不会啊，我不会唱歌也不会跳舞，这我可做不到。

灵活点的：领导，表演节目我可做不到，这样吧，我敬大家一杯吧！

**高情商回话：**

领导啊，唱歌我也想啊，但"臣妾真的做不到"啊。再说了，我就是个氛围组，给大家加油打气很在行，但让我唱歌，那不是在难为我，而是在难为在座的所有同人啊！为了大家的耳朵考虑，我就不制造噪声了。我在这里自罚三杯，请领导放过，让我踏踏实实地做个氛围组吧！

公司年会需要欢乐的氛围，你的拒绝和强行表演都是泼冷水的行为，所以一定要用插科打诨的诙谐语言搪塞。强调自己五音不全，是害了大家，请求领导让你做氛围组。这样一来，领导也就不好再说什么了，也不会觉得你是不给他面子。

## 聚餐时，领导说"别客气啊，怎么不吃呢"

聚餐时，年轻的同事和新来的同事一般都会表现得比较拘谨，领导为了增强这些员工对公司的认同感，会重点照顾他们。如果领导突然对你说"别客气啊，怎么不吃呢"，你该如何回答？

**一般的回话：**

我吃着呢，领导您也吃，不用照顾我……

**高情商回话：**

谢谢领导关心，看到同事们都这么友善，我特别开心，光顾着听大家聊天了……您也吃，大家都吃。×××，这个菜离你比较远，我给你夹？

领导的客气主要是为了拉近同事之间的关系，如果只是敷衍的话语，会让领导觉得自己的好意没得到你的回应。这时候，顺着领导的话，感谢领导的关心，解释自己为什么没融入进来（听别人说话听入了神就是很好的理由），再给同事们布菜……最重要的是向领导表达自己愿意加入进来的态度。

# 在酒局上，客户对你说"请多关照我"

酒局上的人形形色色，有很多人会有不同的表现。比如，你的客户突然端着酒杯跑来和你说"请多关照我"，你该如何化解呢？

### 一般的回话：

哪里的话，是我需要您照顾才是。

或者：应该的，咱们相互照顾。

### 高情商回话：

哎呀，这话说得多见外啊！说实话，咱们两家公司已经是长期合作伙伴了，你们领导派你来参加酒局，主要就是和我们这些人认识一下，今后共事的时候更多一份了解和信任。说"照顾"一下子就把咱们两家公司的关系说远了。来，兄弟，这杯酒我干了，你随意，不必太过紧张，不需要整那么多客套话。咱们也算是认识了，今后就是熟人了，有事就招呼，都是为了工作嘛……

能够说出这种话的客户，大概率是个新人，他们听过太多敷衍的话术。这时候，真诚的交流反而更能安抚他们，获取他们的信任。然后，要强调两家公司的关系一直很融洽，让他们不用太拘束，帮助他们融入酒局。

## 在酒局上，对方说要给你介绍客户，问你的态度

和客户的应酬酒局，是拓展自己人脉的好机会，如果客户关系维护得好，还能得到更好的机会。比如，很信任你的客户想给你介绍其他客户，问你愿不愿意，你该怎么回复？

**一般的回话：**

好啊，感谢 × 哥的提携，不管事情成功与否，我都先敬您一杯。

**高情商回话：**

× 哥，什么感谢的话我都不多说了，都在这杯酒里了。我干了，您随意……哥，您跟我说说，对方是什么情况，他的诉求是什么。这样方便我直接按照他的需求给他制定出一套适合他的方案。您放心，事成之后，我会如实汇报给公司，让公司给您算上一笔，就算公司不掏钱，我个人给您。我知道，您不是为了钱，弟弟我就是为了感谢您……

能够介绍客户，说明他非常信任你，愿意帮助你。所以太流于表面的感谢并不能让对方得到更多的情绪反馈，要用实质的、真诚的感谢体现出来。此外，可以先从老客户这里套出新客户的真正需求，让自己能够做更充分的准备，事半功倍。

# 在酒局上，客户突然说私下有事和你商量

一般来说，客户和你之间只会存在工作关系，不会有太多的私人交往，这也是职场上的"潜规则"。如果客户不明缘由地突然问你"能不能在私下的时间约个饭，有事找你商量"，面对这种有些越界的问询，你该如何应对呢？

**一般的回话：**

我们公司规定，禁止员工私下和客户联系啊！

或者：我平时经常加班，没什么时间。您有什么事情就直说吧！

**高情商回话：**

×哥这是把我当自己人了，但是也请您理解我的难处，在咱们这一行里，每家公司都特别担心自己的员工和客户私下有联系。这样吧，您再等等，等咱们的项目结束了，您不属于我们公司的客户了，或者我不在这家公司工作了，那时候，咱俩别说私下见面了，就是一起租房当室友都没人能说出什么来了。

职业潜规则，并不是不能说的秘密，完全可以当成挡箭牌。利用这种潜规则见招拆招，他如果真的找你有重要的事情，自然愿意等待；如果他把你的话转述给你在公司内的竞争对手，别人也完全挑不出你的毛病。

## 在酒局上，如果对方问你的酒量如何

酒局上最怕的是什么？最怕客户询问你酒量怎样。面对这样的询问，你该如何化解呢？

**一般的回话：**

您喝多少我就喝多少，今天就是不醉不归。

或者：我压根就没有酒量，×哥您可别灌醉我啊！

**高情商回话：**

喝酒讲究个尽兴，得看和谁喝。×哥，咱们的关系都到这儿了，我也就不和您客套了，我尽力跟着您。但咱们得适度，身体要紧，要不回家后老婆那关难过啊……

对方询问酒量，要么是真心实意怕你喝多了，要么就是准备灌你酒。无论是哪一种，你要先强调你们的关系（无论真假），再强调自己尽力，最后用身体原因当缓冲。既给了对方面子，也给自己保留了一点儿回旋的余地。接下来，随机应变就好。

# 和客户去KTV，对方点了一首歌并邀请你一起唱

和客户一起应酬，最经常光顾的就是咖啡厅、饭馆，还有一些人喜欢去 KTV，觉得这种相对放松的氛围能拉近彼此之间的关系。客户点歌后，说咱们一起唱吧！面对这样的邀请，你要怎么回答呢？

**一般的回话：**

好啊，这首歌我最喜欢了。

或者：哎呀，我唱歌很难听的，总是跑调，太糗了，我还是不给您捣乱了。

**高情商回话：**

× 哥，唱歌可真的是我的薄弱环节，总是找不到拍子。您带带我，这首歌您先唱，我跟着您。（在唱的时候，让对方开头，自己小声跟唱，如果你的水平明显高过对方，可以故意唱得差一点儿，最后笑着说 × 哥唱得真好。）

特别喜欢表现和躲着不参与都是这种场合里的大忌。过分表现自己，把客户比下去，很多人都知道这是不妥的，但故意躲避也会让客户觉得不给他面子。所以先表明自己唱不好，希望对方带带自己。即便你唱歌特别好，故意唱不好被对方发现，对方知道你是在做人情，也会觉得你懂事，而不是觉得你虚伪。

## 和客户约饭，对方问你的饮食偏好

在你攒出来的饭局上，你把菜单交给客户，让他点菜。他出于礼貌，询问你的饮食偏好。面对这样好心的问询，你该如何回答呢？

**一般的回话：**
我什么都吃，您不用顾忌我，您点您的。
或者：我除了不太能吃辣，什么都行。

**高情商回话：**
× 哥真绅士，还顾及我的口味偏好，让我受宠若惊啊……哈哈哈，您不用顾忌我，您先点自己爱吃的，一会儿我再看着补充。咱们吃饭又没有数量规定，吃开心了就行。

先肯定对方的行为很绅士，表示你很感激；然后让他先点，自己看着补充，这样对方就能大大方方地点菜了；最后你看着加一道菜（但你也需要客气地询问对方是否能吃）。

# 在饭局上，被客户询问到个人隐私

有很多年轻女性，尤其是比较漂亮的女孩子，在和客户沟通的时候，特别容易被问到感情问题，有的是好心，也有人是其他意图。如果有客户看到你这两天气色比较差，问你是不是和男朋友吵架了，你该如何巧妙应对呢？

### 一般的回话：

没有啊，我和我男朋友感情好着呢。最近是太累了吧！

或者：我还没有男朋友呢，都单身很久了……

### 高情商回话：

我这哪里是感情问题啊，我这是身体问题啊！为了咱们这个项目，我天天都特别忙，忙着向领导汇报咱们这个项目的进度、忙着催其他同事赶紧出效果图、忙着修改方案……我就想了，一定不能让×哥失望，您可是我今年特别重要的合作伙伴。

在你不清楚对方是什么意图之前，无论有没有男朋友，都不要随意暴露自己的情感生活状况。要把他的注意力转回工作方面，并特意强调你对他的看重。当然，如果双方合作次数多了，和对方的私人关系增进后，可以逐渐放松一些，这就看你的意愿了。

## 如果客户询问你对自己领导怎么看

有的客户在熟悉之后，说话并不是很注意，时常会问出让人觉得很难回答的问题。如果客户问你对自己的领导怎么看时，你该如何接招呢？

**一般的回话：**

我们领导啊，人挺好的，最主要的是工作特别拼，天天跟我们一起加班。

或者：我们领导非常体恤下属，出了问题总是替我们扛着。

**高情商回话：**

好家伙，×哥，您是站在我朋友的角度问，还是站在我们公司合作客户的角度问呢？哈哈哈……开个玩笑，其实我们领导还不错，要不我也不能在这家公司工作这么久。夸他的话我也不说了，要不显得多假啊，好像咱们趁机拍领导马屁似的。

不管是谁询问你对领导的看法，永远都只能说正面的，即使这个领导再不好，也不能说出任何实质性的贬义的话。其实，如果是客户询问，也可以用反问的方式让对方知道，你知道他是什么用意，然后说一些不具有实质性的评价，最后用玩笑收尾。

# 如果客户询问你们公司的×××怎么样

客户在和你沟通的时候，突然问你认不认识同一公司的×××，你不知道他们之间是什么关系，也不知道客户为什么会问。面对这种情况，你该如何回答呢？

**一般的回话：**

他挺好的啊，工作也挺认真的。您怎么突然想起来问他了？

或者：不是特别熟悉，平时也不接触。

**高情商回话：**

是××部门里的×××吗？我和他不在一个部门，平时见面也就是相互打个招呼，外面抽烟碰到就闲聊几句。怎么，×哥您认识他？（听完对方的评价后，正面的）嗯，看上去就很踏实、靠谱，如果您愿意，赶明儿我把他叫上，咱们一起吃顿饭，我请客。（评价是不太好的）可能吧，我和他也没有真正共过事，最多也就是在会议上听他汇报过工作。您可真是提醒我了，如果我真要和他一起干活，得小心点。

不用直接肯定或否定，当客户问起某个人时，要么是他觉得特别好，要么是得罪过他。先用模棱两可的话开头，再套出他的真正意图，主要就是顺着对方的话头接下去，至于这个同事真实的人品、和你的关系，都不用向客户说明白，也犯不上替同事解释。

## 在饭局上，客户询问你有没有跳槽的打算

每个行业都如同一个圈子，所以会有相互引荐的可能。如果你的客户在酒足饭饱之后，突然问你是否有跳槽的打算，你该怎么回答呢？

**一般的回话：**

没有啊，我在这个单位挺好的，也挺满足的。

或者：有这个想法，但合适的工作哪儿好找啊，骑驴找马吧！

**高情商回话：**

×哥，您这是有了好的机会要推荐弟弟我，还是替我们老总试探我的忠诚度啊？说实话，在什么山头唱什么歌，我处理我们公司的工作、对咱们的合作，都很尽心。我的工作态度您也看在眼里。我不否认希望得到更好的工作机会，但在那个机会没出现之前，我也只能顾好眼下。

不要随便向客户交心，因为客户在接触你的同时，也能接触到公司内的其他同事，要避免他来回传话。但也不能直接否认，如果对方是真心的，否认就意味着失去了获得更好工作的可能性。可以用开玩笑的口吻点出你的顾虑，也可以隐晦地表达自己对机会的渴望。

# 第十章

## 面对家族长辈，家长里短的沟通艺术

# 过年时，老家的亲戚询问你月薪多少

每个职场人回到老家，可能最怕的就是被问询"工资问题"，赚得多的不愿意露财，赚得少的不愿意露怯。但面对亲戚的询问，你该怎么说才好呢？

**一般的回话：**

就那样吧，够在大城市里生活的，但大富大贵就别想了。

或者：还能赚多少啊，和大家差不多，勉强活着吧！

**高情商回话：**

干我们这一行的，圈子里有句话：撑不着，饿不死，不会穷。比国家规定的最低工资标准高不少，但和白领阶层差很远。（如果对方再追问）要说赚大钱，那肯定没戏，但还能好好生活，每年手里还能留个仨瓜俩枣，也就到头了。我表哥呢？他怎么样啊？

可以用特别俏皮的行业暗语回复他们，让他们觉得你赚多少钱是行业决定的，比上不足比下有余。但要注意的是，不管怎么插科打诨，不要随便说自己的月薪是多少，没有必要。最后，把问题转移到询问的人身上，自然就糊弄过去了。

# 长辈询问你什么时候带个朋友回家

小辈有没有谈恋爱、有没有结婚对象，几乎是七大姑八大姨在饭桌上最关心的话题。如果一直单身的你被长辈问询这方面的内容，你该如何接招呢？

**一般的回话：**

我才不谈恋爱呢，一个人自由自在的，多好啊！

或者：我天天忙工作，根本没空谈恋爱。

**高情商回话：**

我也想体会爱情啊，但我得找到能聊到一起、过到一起的另一半。再说了，现在还得忙工作，我能接触的人也只有身边的同事和过去的同学，也没什么好机会认识好的异性。等缘分来了再说吧！老话不是说了嘛，有缘千里来相会，我就踏踏实实地等待我的良缘吧！

这些内容只是饭桌上的谈资，没有必要用特别生硬的言语回答，完全可以用轻松的、期待的言语表达自己对爱情的憧憬，但缘分没到强求不来。用长辈喜欢听的话回复就可以了，没必要在家庭聚会上弄得剑拔弩张。

## 老家的长辈想让你帮忙给他家的孩子找个工作

当你在大城市里打拼了一段时间后，站稳了脚跟。回老家过春节时，家族里的长辈突然开口问你，能不能给他家的孩子找个工作。面对长辈的这种询问，你该如何化解呢？

**一般的回话：**

我现在也只是公司里的小员工，根本就没有人事方面的权力啊！

或者：我和他学的就不是一个专业，很难帮忙啊！

**高情商回话：**

行，您可以让表弟制作一份漂亮的简历，我看看我身边的朋友有没有人能提供点帮助，帮他投投简历。如果有公司看上表弟，我就先提前恭喜了；但如果没有合适的岗位，您可不能怪我不尽心啊！好工作这种事情，就是打铁还需自身硬，如果不行，我再想想怎么帮表弟提高能力。

不要急着否定自己没有能力，也不要否定对方没有能力。帮助他走正规的求职流程，表达自己愿意帮忙，能帮忙一定帮忙，但只能到此为止，并且从源头让他们打消你能包办的异想天开。

# 长辈们闹了矛盾，抓着你询问谁对谁错

再和谐的家族也会发生成员间的争吵，如果在家族聚会上，两位长辈因为陈芝麻烂谷子的事直接争吵起来，随手拉过你，说让你给评评理。面对这种情况，你又该如何用高情商来化解呢？

### 一般的回话：

哎呀，这都是多少年前的事情了，就别放在心上了啊……来，吃饭！

或者：我怎么会知道，我又不知道整个过程，您还是别问我了。

### 高情商回话：

您二老愿意来找我评理，说明信得过我，那就五五分吧。关于过去那些事情到底谁对谁错，我是真不清楚，但您二老将这件事情都记挂在心上，说明都有错。既然如此，不如一笑泯恩仇吧！我敬你们，看在我这个小辈的面子上，在这个喜庆的节日里，大家喝一杯，过去的就让它过去吧，往前看好不好？

不要过分纠结过去谁对谁错，清官难断家务事，即便是在家族里，盲目站队也会带来新的纠纷。不如将重点放在如何化解他们现在的纠纷上，尤其是在家庭聚餐上，在大家的见证下，让两位长辈放下过去的恩怨。如果他们不愿意，也和你没有关系了。

## 长辈总是拉着你问还记不记得过去的恩情

稍有出息的你回到老家，总有亲戚拉住你，和你聊家常。所谓的家常无非你从小到大那些几乎被遗忘的经历，比如，去他家拜年他给过你压岁钱、去他家串门给你拿了几个苹果等，话里话外，都是问你记不记得过去的亲戚情分。面对这样"热情"的询问，你该如何作答呢？

**一般的回话：**

我当时才几岁啊，哪儿能记得那么多啊！

或者：记得，怎么会忘记您当年对我的照顾呢！

**高情商回话：**

大娘，瞧您说的，就算我不记得了，我爸妈也时常跟我唠叨，我小时候很多亲戚邻里都特别喜欢我，每每路过总是给我拿点儿吃的，糖啊、水果啊，见到就给。要不说还是老家人情重呢……

不要针对一个亲戚、一个家庭的小恩小惠作答，否则很容易被对方拿捏住，要把个人情分扩大到整个家族，甚至是老家这个更宽泛的概念中，从而将对方的恩惠融入深厚的乡土人情中。

# 你在大城市扎根了，长辈让你带侄子去见见世面

很多在一线城市打拼的人回到老家后，总是要面对亲属们的各种询问，如果自己再稍微成功一些，就总有亲属希望你能看在亲情的分儿上，带着家里的小辈去大城市里见世面。面对这样的询问，你该如何应对呢？

**一般的回话：**

哎呀，这段时间我太忙了，根本没时间招待你们。

或者：我家地方小，怕住不下啊！

**高情商回话：**

行啊，我侄子今年刚上初中，正好是去见世面的年纪。这样吧，我回去给您做一份特别详细的攻略图，包括衣食住行。然后给您做一个基本预算，住宿费花多少、吃饭费用大概是多少。您啊，拿着我这份攻略就能踏踏实实去了。等您到了记得给我打电话，咱们约时间，我请您吃饭。

不要一上来就把全程陪同和招待的工作揽在身上，而是要把做攻略这种费精力却不费钱的事情揽在身上。很多亲属所谓见世面的请求只是在试探，试探你能不能接招，只要你接招，他自然能够用所谓的道德绑架把你架到花钱陪伴的高度，所以直接摆明自己的态度，即只肯帮忙，不能兜底。

## 参加婚礼时，新人的父母询问你对对方的看法

你去参加堂弟的婚礼，向他们表达心中的祝福。刚走进去没多久，叔叔婶婶小声询问你"你看我家小×的爱人怎么样"。面对这样的询问，你该如何作答呢？

**一般的回话：**

挺好的，和小×很般配。您就放心吧！

或者：看样子还不错，小两口还挺有夫妻相，相信他俩的感情基础还挺深厚的。

**高情商回话：**

叔叔婶婶，我看小×的爱人是个很不错的姑娘，看上去就很稳重，小×能把她娶进家里，今后肯定能家庭美满。再说了，小×喜欢最重要啊，他高兴了，就觉得日子有奔头了，到时候肯定会和媳妇一起孝敬你们的……

一般来说，这种情况下，随便向亲属开口询问的，心里多少都对对方有不满，只是想借着亲属的嘴说出来而已。不管别人说不说，你都不能说，不仅不能说，还要适当地提醒，新人结婚，最重要的是彼此喜欢，他们两个人觉得幸福才是真的幸福。

# 当长辈想向你借点儿钱，而你又不太方便

亲戚之间，如果遇到一些大事，经常会发生相互借钱周转的情况。长辈拉下脸想向你借点儿钱，但此时的你并没有多余的钱能帮助他们。该如何回复才好呢？

**一般的回话：**

我才工作几年啊，能有多少积蓄您还猜不到吗？我是真想帮您，但爱莫能助啊！

或者：真是对不住啊，我是真拿不出来，您别看我在大城市工作，但实际上，每个月能存下来的钱特别少……

**高情商回话：**

舅舅，您先别着急，说实话，我现在真的拿不出这么多钱。我这上班才四年，每年也就存两三万元，去年我妈因为住院做手术，前前后后花了近十万元，所以我手头别说几十万元了，就连三万元都不够。但是您这边也是急用，您看这样行不行，我给您想想办法，看能不能把您的老房子抵押给银行，办理一些贷款解燃眉之急……

长辈借钱一般是急事，如买房、子女结婚、看病等。自己拿不出来，一定要详细说明自己花在给长辈看病等正事上，并表示帮忙想办法，如通过正规渠道申请抵押贷款等。如果对方反过来说你不念亲情，那大可拍拍口袋，用没钱支援回复。最重要的是，要表现出为他们着想的态度。

## 父母问你的工作怎么样

每次回家，父母总是会担心孩子在外面吃了苦、受了累，还担心在外面被人欺负。他们总是会关切地问，你工作怎么样啊、顺不顺心啊，等等。面对父母的殷切关怀，你该如何回复才能打消他们的担忧呢？

### 一般的回话：

爸妈，我在外面一切都好，领导和同事对我都很照顾，虽然我们单位规模不大，但很多事情还是很正规的，你们就放心吧！

### 高情商回话：

爸妈，你们看我这几年在外面都吃胖了，天天坐在办公室里，如果加班的话，公司还管饭，不吃还不行，领导按人头订饭。在外打工，多少都会有点儿糟心事，但不碍事，你们要相信我，我肯定能处理好。小时候，您二老帮我撑起一片天，长大了，我得努力给您二老撑住了！

父母的关心，不是几句虚头巴脑的话就能糊弄过去的，所以在回复父母的询问时，一定要强调很多细节，如吃得饱、穿得暖，也不要夸下海口说自己工作没问题，而是要表现出自己有能力解决问题。虚虚实实，主打的就是让父母放心。

# 长辈在家族聚会时询问你打算什么时候买房

买房是很多人、很多家庭的重大事件，但也是众多亲属之间攀比的重要事项，尤其是在家庭聚会当中。有一些长辈特别喜欢问年轻人打算什么时候买房，面对这种问询，你该如何巧妙地化解呢？

### 一般的回话：

现在房价那么高，以我的工资，什么时候才能买得起啊！

或者：我可不屑当房奴，现在这样租房子也挺好的，方便。就算是换了工作，也能随时找新地方租房。

### 高情商回话：

叔叔婶婶啊，买房那么大的事情，我肯定不能私自做决定啊！再说了，一线城市的房价您二老也都知道，我还需要各位长辈们鼎力支持呢。不过，我现在还没攒够首付款，也没开始看房，到时候选哪个地区、买什么房，我都会向长辈们好好请教，如果资金方面有困难，到时候希望您二老也能如此热心，帮帮晚辈。

亲属们关心晚辈什么时候买房不全是恶意，也不全是为了攀比，也有真心实意为了晚辈考虑的。但为了避免给父母添麻烦，尽量别妄自菲薄，说自己负担不起的话，而是要转向寻求长辈的参考意见，再用开玩笑的口吻，希望他们到时候也能帮忙，就会避免别人再提及类似的话题了。

# 长辈问"什么时候能让你爸妈享清福"

有些长辈特别喜欢讲过去的悲惨经历，尤其是喜欢渲染父母为了子女付出一切，结尾时再发出灵魂拷问"你什么时候让你爸妈享享清福啊"。面对这种明显逾矩的疑问，你该如何应对呢？

**一般的回话：**

我爸妈现在的岁数还不算太老，他们也不想给我增添负担，再过几年吧！

或者：我现在也不富裕，勉强够维持自己的生计，等我有出息了，一定让我爹妈享清福。

**高情商回话：**

×婶，我爸妈常说，一天不动四肢生锈，我不让他们干活了，他们也闲不下来。我也多次跟他们说过跟我去××市吧，儿子就算再不济，好歹能养活您二老，去大城市里享享清福了。但我爸妈就是舍不得老家，舍不得亲朋好友，觉得大城市里冷冰冰的，没咱们这里有人情味儿……

长辈们的关心多少带着点儿看热闹的心思，不管是强调条件不达标还是强调今后怎么做，都不能彻底堵住长辈们的接连拷问。最好的回答方法就是强调爸妈舍不得亲戚朋友，强调父母乡情难忘，让这些喜欢八卦的长辈无话可说。

# 还是单身的你，有长辈不停地要给你介绍对象

"小 × 啊，你都多大了，还没有对象，这可怎么行啊！我身边恰好有个挺不错的小伙子，条件也合适，你要是有这个意思，我给你们介绍介绍？"面对长辈主动给你介绍对象，你该如何应对呢？

**一般的回话：**

× 婶，我现在还年轻呢，事业也正是上升期，可没时间和精力去谈对象。还是过几年再说吧……

**高情商回话：**

× 婶，如果有合适的，您先帮我考验考验对方。您看啊，我平时不在家，要在其他城市工作，而且我的工作活儿多、加班多，平时也没空回来和他沟通感情。如果我们认识了，您可得帮我盯着他不能出轨，不能三心二意，要踏踏实实地工作，一起攒钱买房子。您能负责吗？我怕您太辛苦啊……

相信我，如果你选择一般的回复，接下来一定会迎来灵魂质问：年轻人得早点定下来，要不怎么生小孩？事业什么时候不能忙？忙到什么时候是个头？所以，要直接切断这种质疑的可能性，表现出你愿意接受，但后续的问题请这位长辈帮忙把关，尤其是忠诚问题。面对这种棘手的问题，长辈基本就会知难而退了。

## 长辈身体抱恙，询问你该怎么办

很多长辈都有一个不好的习惯，身体有了小毛病不重视，非要拖到不能再拖的时候才去医院看病。如果你的长辈因为身体不适询问你该怎么办时，你要如何巧妙地劝他们尽快去医院呢？

**一般的回话：**

哎哟，这身体的毛病可大可小，您可别不当回事儿啊。赶紧去医院吧，有病早治，别拖成大病，到时候就不好治疗了……

**高情商回话：**

×婶，您知道吗？在大城市里，很多老人都是每年去医院体检一次，很多慢性疾病在特别早的时候就被发现了，开点儿药调理一下，饮食结构注意一下，就能健康长寿。现在我哥也赚钱了，您也得接受一下新鲜事物，再说医院不仅能治病还能预防疾病呢！要不，您让我哥先给您安排一个全身体检，咱们去医院听听人家专业人士是怎么说的。

长辈身体抱恙，有可能是大病的前兆，也有可能是积劳成疾，不管有没有重大疾病，都不能给长辈造成心理负担。即便是劝他们尽早去医院检查，也不能用吓唬的方式，而是努力淡化症状，让他们先放松心情。

# 长辈们聊天聊到小两口的琐事，让你给评评理

长辈们聚在一起，最大的话题就是讨论谁家小两口之间的小矛盾，如谁是家庭支柱、谁乱花钱、谁去外面传闲话，等等。原本只属于家长里短的范畴，但突然有长辈跑来问你，这小两口之间谁的问题更大。面对这种突如其来的"雷"，你该如何避免呢？

**一般的回话：**

啊？这个我怎么能知道呢！我和他们也不熟悉啊，您可别问我，我可不想得罪人。

**高情商回话：**

哎哟，×婶，您这哪里是让我来评评理啊，您这是把我推出去当惹祸精啊！俗话说得好，宁拆一座桥，不拆一桩婚，万一我说的哪里有不对的地方，惹得人家小两口最后要闹离婚，这么大的责任我可负担不起啊……

面对长辈让你来评理，其实大可不必太当回事，用一些俗语就能搪塞过去。但最关键的是一定要强调是自己说得不对，而不能说是长辈在挑是非，避免话被传出去，传成你指责长辈挑事就麻烦了。

# 长辈因为不了解事情而指责你

我们常常会遇到这种事情，你做了某件事情，但在长辈眼里却呈现出另一种状态。他觉得无法理解，便直接指责是你的问题，问你知不知错。面对长辈的胡乱指责，你该如何应对呢？

**一般的回话：**

跟我又没关系！又不是我的问题，您凭什么不了解清楚就来指责我啊？

或者：我做错什么了吗？您说明白，我也好弄清楚我到底错在哪里了！

**高情商回话：**

叔叔，您是长辈，说晚辈几句，那也是关心我，要不您怎么不去说别人呢？但是，也请您容我自辩几句，如果我说得不对，您还可以再指点指点我。我去做这件事，确确实实是事出有因，当时是……的情况。您看，如果您是我，是不是也得这么做？做完之后发生了现在的局面，我也没想到啊！叔叔，您教教我该怎么做呗！

长辈的指责，很有可能是不了解情况所致，也有可能是情绪所致。但作为晚辈，我们不能一上来就直接反驳，尤其是当着很多人的面，更是要保持心平气和。用和缓的口吻向长辈解释，再以退为进，让他们找到更好的方法。

# 长辈总喜欢对你的前途指指点点

逢年过节时，有一些常走动的家族长辈来家里做客，问你现在在做什么工作。你一五一十地回答后，长辈们却说还不如在老家考个公务员，既稳定又离家近。面对这种指点，你该如何化解呢？

**一般的回话：**

哎呀，咱们老家这个小地方能有什么前途？到时候我就跟我爹妈一样，什么东西都没吃过，什么世面都没见过，糊里糊涂地工作一辈子，多没意思。

**高情商回话：**

爷爷，还记得前两年您生病了，咱们这个小地方看不了，您不还是去了大城市看的病。当时还是我陪着您跑上跑下的。如果我真的在咱们老家这个小地方，要是没去过大城市，别说带您去看病了，我连医院的门朝哪儿开都不知道。我出去闯荡是辛苦一点，但好歹有奔头啊，等我闯出点儿名堂，再遇到什么事儿，咱们也不会心里没底不是？

老家长辈的指点，有人出于好心，有人就是八卦，但无论是哪一种，都用你所在的工作之地的便利条件作为回复的重点，如就医、求学、旅游……这些便利条件就能够让长辈们体会到大城市的好处。完全没有必要捧一踩一，长辈对老家都很有感情，很难接受被晚辈否定。

## 长辈总喜欢对你的喜好品头论足

现在有很多长辈，特别喜欢对小辈的生活指手画脚，上到穿衣习惯，下到兴趣爱好，无一幸免。尤其是兴趣爱好，不管年轻人喜欢追星，还是喜欢买各种手办、周边产品。面对长辈的这种质疑，你该如何化解尴尬呢？

**一般的回话：**

哎呀，您不懂，这就是时尚。其他年轻人都喜欢这些啊，谁还没点儿兴趣爱好啊……

**高情商回话：**

奶奶，这些东西就是我们这个时代喜欢的，怎么向您打比方呢，就好比您那个年代特别喜欢听京剧、评戏、喜欢买红头绳一样，就和我妈当年喜欢邓丽君、费翔、喜欢买挂历一样。您就把我这点儿爱好当成是年轻人的专利吧！

老人在年轻的时候也有自己喜欢的东西，没必要强调他们不懂，而是要把现在的潮流比作当年的潮流，让她们明白你现在的兴趣爱好除了形式上和当年有所区别之外，本质上都是年轻男女对美好事物的追求。